Bundeswehr 2.0

Detlef Buch

Bundeswehr 2.0
Von der Wehrpflicht bis Afghanistan –
Reduziert, ignoriert, egalisiert?

PETER LANG
Frankfurt am Main · Berlin · Bern · Bruxelles · New York · Oxford · Wien

Bibliografische Information der Deutschen Nationalbibliothek
Die Deutsche Nationalbibliothek verzeichnet diese Publikation
in der Deutschen Nationalbibliografie; detaillierte bibliografische
Daten sind im Internet über http://dnb.d-nb.de abrufbar.

Umschlaggestaltung:
Olaf Glöckler, Atelier Platen, Friedberg

Gedruckt auf alterungsbeständigem,
säurefreiem Papier.

ISBN 978-3-631-61555-3
© Peter Lang GmbH
Internationaler Verlag der Wissenschaften
Frankfurt am Main 2011
Alle Rechte vorbehalten.

Das Werk einschließlich aller seiner Teile ist urheberrechtlich
geschützt. Jede Verwertung außerhalb der engen Grenzen des
Urheberrechtsgesetzes ist ohne Zustimmung des Verlages
unzulässig und strafbar. Das gilt insbesondere für
Vervielfältigungen, Übersetzungen, Mikroverfilmungen und die
Einspeicherung und Verarbeitung in elektronischen Systemen.

www.peterlang.de

Für Nele

Willst Du im laufenden Jahr ein Ergebnis sehen,
so säe Samenkörner!
Willst Du in zehn Jahren ein Ergebnis sehen, so setze Bäume!
Willst Du das ganze Leben lang ein Ergebnis sehen,
so entwickle die Menschen!

Kuan Chung Tzu

Dieses Buch gibt natürlich ausschließlich die persönliche Meinung des Autoren als Privatperson wieder.

Vorwort

Das vorliegende Buch handelt nicht von einer neuen Bundeswehr. Es handelt vielmehr davon, dass die Bundeswehr und ihr Innen- und Außenleben eine andere sind als vorher. Verwirrt?

Es wird im ersten Jahr der großen Bundeswehrreform eine ganze Reihe von Publikationen geben, die beschreiben werden, wie die Bundeswehr auszusehen hat, um allem und jedem gerecht zu werden. Es wird Strukturmodelle, Konzeptionen und handfeste Umsetzungen geben. Dieses ist jedoch nach Meinung des Autoren der 2. oder x. Schritt. In einem ersten Schritt soll das vorliegende Werk aufzeigen, dass die Bundeswehr nicht mehr die ist, die sie einmal war. Sie ist es insbesondere deswegen nicht mehr, weil die Bevölkerung eine andere Sicht auf ihre Soldatinnen und Soldaten hat. Gemeinhin wird der Soldatenberuf, werden die Auslandseinsätze, wird das Sterben und Fallen von Soldaten bedeutungsschwer von Politik und Militär konnotiert. Die Bevölkerung jedoch nimmt dies in der Bundeswehr 2.0 nicht mehr als solches wahr. Nein, es ist ihnen nicht egal. Nur sie interessieren sich eben nicht mehr dafür. Doch worin liegt der Unterschied? Oftmals ist vom freundlichen Desinteresse die Rede oder auch von einer nachlassenden Unterstützung der Deutschen für die Auslandseinsätze ihrer Soldatinnen und Soldaten. Was es jedoch tatsächlich ist, ist eine Art professionelle Gleichgültigkeit der Bevölkerung gegenüber der Armee und deren Ausleindseinsätzen. Damit ist die Bundeswehr nichts Besonders. Sie befindet sich in guter Gesellschaft aller übrigen Sicherheit produzierender Berufe. Jedoch auch andere, klassische Professionen, erfahren diese professionelle Gleichgültigkeit seitens der Bevölkerung. Niemand würde sich tatsächlich darüber in der Öffentlichkeit mokieren, wenn ein Feuerwehrmann bei einem Brandeinsatz eine Rauchgasvergiftung erleidet. Niemand würde es tatsächlich in die Öffentlichkeit ziehen, wenn Rettungshubschrauber des

DRK veraltete Seilwinden hätten usw. Doch nicht nur in der Bundesrepublik scheint der Soldatenberuf diese Normalisierung und Gleichstellung zu erfahren. Nein, auch international ist dieser Trend inzwischen weit verbreitet. So bietet das vorliegende Buch eine Annäherung an diese Thematik aus einem internationalen Fokus heraus. Ein Ländervergleich ausgewählter Länder soll aufzeigen, welchen Einfluss bestimmte gesellschaftliche Faktoren und Prozesse auf eben diese Stellung des Militärs in der Gesellschaft haben. Wem diese Normalisierung und Egalisierung des Soldatenberufs sowie der soldatischen Berufstätigkeit wirklich nützt, kann derzeit noch nicht genau gesagt werden. Zumindest nimmt sie nach Meinung des Autoren auch eine Last von allen Schultern. Nämlich die Last, immer etwas Besonderes und Außergewöhnliches zu tun bzw. tun zu müssen. Und damit auch den Rechtfertigungszwang, für dieses Besondere auch immer die Unterstützung des gesamten Deutschen Volkes zu erhalten. Dieses scheint sich jedoch mehr für den Einkaufszettel beim Discounter, den Gerichtsprozess eines Wettermoderators oder auch im Dschungel verschollene Stars zu interessieren. Und? Es ist ganz normal! Es ist das, was die hyperindividualisierte moderne Gesellschaft für jeden Beruf bereit hält: „Du hast Dich dafür entschieden, Du wirst dafür bezahlt, also trag auch die Risiken und Belastungen. Es liegt an Dir, Du hättest auch jeden anderen Beruf wählen können."

Wandlitz, im Frühjahr 2011   Der Autor

Inhaltsverzeichnis

Vorwort   7

1. Einleitung und Fragestellung   13
1.1 Relevanz und Problemstellung   13
1.2 Leitfrage   14

**2. Empirische Befunde für das Verhältnis Militär-Gesellschaft
in der Bundesrepublik Deutschland**   17
2.1 Die Bundeswehr als Institution   17
2.2 Die Bundeswehr in der Wahrnehmung ihres Auftrages   22

**3. Der Ländervergleich - Zur Situation in Großbritannien,
den USA, Frankreich, den Niederlanden und Dänemark**   29

Die wesentlichen Bezugsgrößen des Ländervergleichs   29

*Faktor 1: Die Einstellungen der Bevölkerung zu den
eigenen nationalen Streitkräften – „Yes, but without me"*   34

Faktor 2: Die bevorzugten außen- und sicherheitspolitischen Ziele   40

Faktor 3: Die bevorzugten Aufgaben der Streitkräfte   47

*Faktor 4: Untrennbar: Wehrform, Bodybag-Faktor und die
Rolle der Medien*   52
  -Exkurs: Der Bodybag-Faktor: oder auch „Casualty averse"   52

4. Die Ergebnisse des Ländervergleichs und deren Analyse, Einordnung und Interpretation — 67

Ergebnis 1: Kongruenz und Inkongruenz zwischen Einstellungen, politischen Zielen und Aufgabenzuschreibungen als wesentliches Ergebnis — 67

Ergebnis 2: Die Irrelevanz der Wehrpflicht und die Relevanz der Medien — 69

Ergebnis 3: Die Bedeutung für die Soldatinnen und Soldaten — 72
  -Für deren Motivation — 72
  -Für deren Selbstverständnis und Rollenbild — 74

5. Schlussfolgerungen: Die Entwicklung von generalisierten Trends im Verhältnis Militär – Gesellschaft — 77

Trend 1: Das „Gap" Militär – Gesellschaft — 78

Trend 2: Professionalisierung des Soldatenberufs — 80

Trend 3: Zivilisierung des Militärs — 82

6. Die Bedeutung für die Bundesrepublik Deutschland — 85

7. Abschließende Zusammenfassung – Die wichtigsten Ergebnisse und Handlungsempfehlungen — 89

8. Anhang — 93

9. Abkürzungen — 99

10. Literaturverzeichnis

1. Einleitung und Fragestellung

1.1 Relevanz und Problemstellung

Die Innenansicht auf die Bundesrepublik Deutschland enthüllt, dass die Umfragen in der deutschen Bevölkerung seit Jahren für ein hohes Meinungsbild und ein hohes Vertrauen in die Bundeswehr sprechen. Oft wird von derartigen Meinungsumfragen jedoch gerne angenommen, dass sie als Auftragsarbeit von regierungsnahen Instituten im Prinzip zwei wesentliche Mängel aufweisen: Sie sollen beitragen zum Erhalt einer gewissen Kontinuität in Fragen der Außen- und Sicherheitspolitik und setzen sich darüber hinaus nicht mit neuen, wissenschaftlich fundierten Fragestellungen auseinander.

Seitdem es jedoch die bewaffneten Auslandseinsätze der Bundeswehr gibt, bei denen deutsche Soldaten zunehmend an Kampfhandlungen beteiligt sind, befördern diese Umfragen auch ein anderes Bild der Deutschen über ihre Streitkräfte zu Tage, welches dem gegenüber steht: Die politisch in Auftrag gegebenen Einsätze der deutschen Soldatinnen und Soldaten, finden zunehmend weniger Rückhalt in der Bevölkerung.

Die Deutschen empfinden hingegen den Einsatz ihrer Soldaten als Helfer, Unterstützer und Brunnenbohrer als wesentlich besser und befürworten diesen mehr als den Einsatz in der Rolle eines "todbringenden Kämpfers". Man könnte sogar soweit gehen und sagen, dass das Kämpfen, Töten und Getötetwerden vom überwiegenden Teil der Deutschen abgelehnt wird. Dieser Befund ist dabei völlig unabhängig von einem speziellen Einsatzgebiet oder auch Einsatzszenario, sei es im Inland oder Ausland, auf dem Balkan oder am Hindukusch. Daher ist es nicht verwunderlich, dass die Umfragewerte für Einsätze, die dieses Verhalten/dieses Kämpfen deutscher Soldaten implizieren, kontinuierlich sinken.

Hinzu kommt die seit dem Regierungsantritt von CDU/CSU und FDP im Herbst 2009 immer wieder aufgeworfene Frage der Zukunft der Wehrpflicht. Mit ihr verbunden sind Diskussionen um Standorte und Arbeitsplätze sowie die aktuelle Diskussion um die Reform und Zukunft der Bundeswehr. Das Verhältnis der Gesellschaft zu seinem Militär scheint somit oberflächlich betrachtet, gegenwärtig einer Belastungsprobe unterzogen zu werden.

1.2 Leitfrage

Innerhalb dieses Verhältnisses haben wir es also mit einem Paradox zu tun: einerseits gibt es eine nachlassende Zustimmung zu den politisch beauftragten Kampfhandlungen der deutschen Soldaten, aus der voreilig geschlossen wird, dass es dem deutschen Militär an Rückhalt in der Bevölkerung fehlt und andererseits haben die Bürgerinnen und Bürger jedoch nach wie vor ein sehr großes Vertrauen in ihre Streitkräfte.

Die Frage muss also lauten: Welche Faktoren und Umfeldbedingungen beeinflussen in welcher Form das Verhältnis der Streitkräfte zur Gesellschaft? Gibt es dabei einen Wandel in der Bedeutung einzelner Faktoren und lassen sich gewisse Entwicklungstrends erkennen?

Als Lösungsansatz soll dazu in der vorliegenden Studie ein internationaler Vergleich von ausgewählten Ländern dienen. Mittels dieses Vergleiches von Verbündeten aus Nato und EU, die bekanntermaßen ebenfalls vor einer ähnlichen Problematik standen oder stehen wie die Bundesrepublik Deutschland, sollen die angesprochenen wesentlichen Faktoren und Umfeldbedingungen herausgearbeitet und bewertet werden. Bestenfalls sollen sich dann daraus im Schlussteil der Arbeit einerseits eine Einordnung der Situation in der Bundesrepublik Deutschland sowie eventuelle Handlungsempfehlungen ableiten lassen. Bevor es jedoch in den internationalen Vergleich geht, sollen eben dieser Vergleichbarkeit halber in einem ersten Schritt die Daten und Umfragen für die Bundesrepublik Deutschland dargestellt werden.

2. Empirische Befunde für das Verhältnis Militär-Gesellschaft in der Bundesrepublik Deutschland

2.1 Die Bundeswehr als Institution

Die Sicht der Deutschen auf ihre Armee hat sich in den vergangenen Jahren kaum verändert.

Übersicht: Vertrauen in die Institution Bundeswehr im Spiegel der Zeit

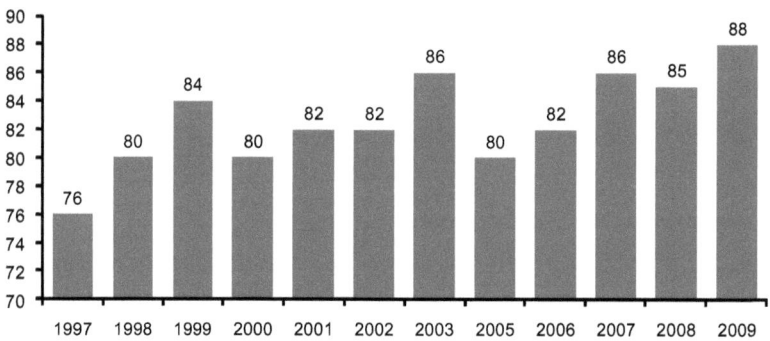

Datenbasis: Bevölkerungsumfragen des Sozialwissenschaftlichen Instituts der Bundeswehr 1997 bis 2009

Die deutsche Bevölkerung hat im Allgemeinen ein hohes Vertrauen in ihre Streitkräfte. Dieses Vertrauen ist trotz Rückgangs der Bundeswehr aus der Fläche, bedingt durch zahlreiche Auflösungen von Kasernen und

Standorten, in den vergangenen Jahren und trotz erheblicher Reduzierung der Soldaten aus Alltag und Familie auf einem konstant hohen Niveau geblieben.[1] Fast 90% der Deutschen haben in die „öffentliche Einrichtung bzw. die Organisation Bundeswehr" hohes Vertrauen. Dieses ganz unabhängig davon, welche Aufgaben ihr zugeschrieben werden bzw. was sie tatsächlich im Alltag tut. Damit liegt die Bundeswehr im Vergleich mit anderen staatlichen Einrichtungen und Institutionen seit Jahren unter den ersten drei. Sie wird in einem Atemzug mit Polizei und Bundeswehrverfassungsgericht genannt.

Dabei darf nicht unerwähnt bleiben, welche wesentlichen Faktoren dieses Vertrauen speisen: Die Bundeswehr ist für die Mehrheit der Deutschen in Alltag, Wohnort und Familie nicht mehr präsent. Der Effekt der Wehrpflicht, der eben diese Präsenz jahrzehntelang maßgeblich beeinflusst hat, junge Männer in Uniform in Zügen und Bahnhöfen, in der Familie und Öffentlichkeit, scheint ebenso unerheblich auf dieses Vertrauen wie die Existenz von Standorten, egal welcher Größe. Beides ist nämlich nach Reduzierung der Wehrpflicht in Umfang und Zeit als auch drastischer Reduzierung von Standorten in den letzten Jahren nicht mehr gegeben.[2] Aber auch die Präsenz in den Medien, egal ob Print- oder Fernsehen, welcher oft ein eher negativer Einfluss auf das Vertrauen der Menschen in die Bundeswehr zugeschrieben wird, kann hier nicht bestätigt werden. Eher ganz im Gegenteil: Die öffentliche Präsenz der Bundeswehr wird inzwischen nämlich im Schwerpunkt über die Medien gesteuert. Deren Berichterstattung wird von der überwiegenden Mehrheit als überraschend positiv betrachtet. Und dies, obwohl der erfolgreiche Alltag der Bundeswehr, sei es im Inland oder Ausland, ihre Aufgabenwahrnehmung per se, in der Berichterstattung kaum stattfin-

---

1   Vgl. dazu die Übersicht im Fortgang dieses Kapitels.
2   Vgl. Allensbach Umfrage, unter faz.net etc., eingesehen am 01.06.2010.

det. Somit kann gesagt werden, dass dieses grundlegende Vertrauen der Deutschen in ihre Streitkräfte folgenden Umfeldbedingungen unterliegt:[3]

1.) Das Meinungsbild innerhalb der Bevölkerung in punkto Sicherheitspolitik und Einstellungen zu Streitkräften ist grundsätzlich sehr behebe und ändert sich daher nur in Nuancen kurzfristig. Die zahlreichen, vermeintlichen einflussreichen Faktoren, wie Wehrpflicht, Standortschließungen, negative Medienberichterstattung ect., die dieses Meinungsbild prägen, haben daher, wenn überhaupt, erst sehr langfristig eine grundsätzliche Auswirkung.

2.) Die Wahrnehmung der Bundeswehr in Medien und Alltag ist überwiegend positiv. Sie beeinflusst in einem erheblichen Maße die überwiegend positive Einstellung der Deutschen zu ihren Streitkräften. Dabei haben die Medien aufgrund ihrer größeren Verbreitung und ihres höheren Wirkungsgrades eine hervorgehobene Stellung.

3.) Die politisch-konzeptionelle Neuausrichtung der Bundeswehr, die gemäß aktueller Umfragewerte eher von der Mehrheit der Deutschen abgelehnt wird, scheint sich noch nicht oder in bisher nur geringem Maße, in der Bevölkerung verankert zu haben. Wäre dies der Fall, würde das Meinungsbild ein anderes sein. Somit scheint es tatsächliche Divergenzen zu geben, zwischen der politisch-konzeptionell gewollten Neuausrichtung der Bundeswehr und dem Willen der Bevölkerung.

---

3 Vgl. Göler, Daniel, Die strategische Kultur der Bundesrepublik – Eine Bestandsaufnahme normativer Vorstellungen über den Einsatz militärischer Mittel, in: Dörflein-Dierken, Angelika / Portugall, Gerd (Hrsg.), *Friedensethik und Sicherheitspolitik, Weißbuch 2006 und EKD-Friedensdenkschrift 2007 in der Diskussion*, Wiesbaden, 2010, S. 185-200.

Übersicht:
Verankerung/Stellung der Bundeswehr in der bundesdeutschen Gesellschaft[4]

Frage: Vertrauen Sie den folgenden Einrichtungen und Organisationen oder misstrauen Sie Ihnen? (%-Angaben)

	Vertraue voll und ganz bzw. überwiegend	Vertraue eher	Vertraue eher nicht	Vertraue überhaupt nicht bzw. überwiegend nicht	Weiß nicht
1. Polizei	61	29	6	2	2
2. Bundeswehr	52	36	5	3	4
3. Öffentliche Schulen	47	39	8	3	3
4. Bundesverfassungsgericht	53	30	8	3	6
5. BKA	47	35	8	3	7
6. Deutscher Bundestag	29	38	20	10	3
7. Evangelische Kirche	33	31	15	12	9
8. Gesetzliche Krankenversicherung	28	36	24	9	3
9. BND	28	34	17	10	11
10. Bundesregierung	25	36	24	12	3
11. Gewerkschaften	26	34	24	10	6

---

4 Vgl. ebd, S. 21.

12. Gesetzliche Rentenversicherung	24	32	27	14	3
13. Katholische Kirche	29	26	17	18	10
14. BfA	12	29	30	23	6
15. Politische Parteien	10	26	37	24	3

Quelle: Sozialwissenschaftliches Institut der Bundeswehr

Neben diesem allgemein sehr hohen Vertrauen in die Institution Bundeswehr, muss man jedoch noch differenzieren, wie die Bundeswehr und mit ihr die bei ihr beschäftigten Soldatinnen und Soldaten in der Gesellschaft wahrgenommen werden. Diese Wahrnehmung scheint prinzipiell mit einer Art „Imageproblem" behaftet.[5] So werden Soldatinnen und Soldaten zwar mit den „guten alten" soldatischen Eigenschaften wie Fitness, Mut, Stärke, Selbstbewusstsein und Fleiß in Verbindung gebracht. Moderne Attribute, wie Attraktivität, Freundlichkeit, Eleganz, Moderne, Einfühlsamkeit, Intelligenz und Bildung werden speziell von jungen Menschen dem Militär in Deutschland eher weniger zugeschrieben.

Mit verantwortlich dafür könnte u.a. sein, dass die Transparenz der Institution Bundeswehr als ein modernes, zukunftsfähiges und an wirtschaftlichen Maßstäben ausgerichtetes staatliches Unternehmen nach wie vor verbesserungswürdig scheint. Kaum jemandem sind die Strukturen und Prozesse bei der Bundeswehr bekannt und kaum jemand kann sich dazu eine fundierte Meinung bilden. So wird der eher behebiege staatli-

---

5 Vgl. Sozialwissenschaftliches Institut der Bundeswehr, SOWI.NEWS, *Ergebnisse der Jugendstudie des Sozialwissenschaftlichen Instituts der Bundeswehr*, Heft 2/2007, Strausberg, S. 10.

che „Koloss Bundeswehr" als amorphes undurchsichtiges System wahrgenommen, was ihm die nach wie vor hohen Vertrauenswerte in der Bevölkerung einbringt.[6]

2.2 Die Bundeswehr in der Wahrnehmung ihres Auftrages

Die Deutschen favorisieren nach wie vor eher begrenzte Einsatzszenarien und reaktive Einsätze ihrer Soldatinnen und Soldaten. Die in den Strategiepapieren der Bundesregierung enthaltene intensive Ausübung militärischer Mittel, ist die deutsche Bevölkerung anscheinend nicht bereit ihren Soldatinnen und Soldaten auch zuzugestehen. Grundsätzlich bestätigt sich hier die o.g. These, dass die politisch-konzeptionelle Neuausrichtung der Bundeswehr bisher kaum in die Aufgabenwahrnehmung seitens der Bevölkerung Eingang gefunden hat. Der Zusammenhang ergibt sich wie folgt: In der Frage der Aufgabenwahrnehmung der einzelnen staatlichen Institutionen, rangiert die Bundeswehr hinter der Polizei auf Platz 2. Dieses widerspricht jedoch den Ergebnissen, wie die Deutschen hinter den Auslandseinsätzen als derzeitige Hauptaufgabe stehen. Das heißt: Entweder schreibt die Bevölkerung ihren Streitkräften die eher helfenden, unterstützenden Aufgaben und Aufträge zu, wovon u.a. nach Auswertung der entsprechenden Umfrageergebnisse ausgegangen werden kann oder die Deutschen sehen ihre Bundeswehr nach wie vor als große Armee der Heimatverteidigung.

---

6   Vgl. Nigge, Jörg Daniel, Nachhaltige Entwicklung in der Bundeswehr als Grundvoraussetzung für Transformation, in: Gießmann, Hans J./Wagner, Armin (Hrsg.), *Armee im Einsatz, Grundlagen, Strategien und Ergebnisse einer Beteiligung der Bundeswehr*, Baden-Baden, 2009, S. 235-245.

Übersicht:
Vertrauen in öffentliche Einrichtungen, Institutionen und Organisationen im Vergleich[7]

Frage: Wie erfüllen die folgenden Einrichtungen und Organisationen – nach allem was Sie darüber wissen – zur Zeit ihre Aufgaben? (Angaben in Prozent)

	sehr gut bzw. gut	Eher gut	eher schlecht	sehr schlecht bzw. schlecht	Weiß nicht
1. Polizei	59	31	6	2	2
2. Bundeswehr	55	33	6	2	4
3. BVerfGer	49	32	8	2	9
4. Öffentliche Schulen	43	38	12	4	3
5. BKA	44	35	7	3	11
6. Evangelische Kirche	31	34	13	8	14
7. BND	28	36	13	5	18
8. Deutscher Bundestag	26	37	22	10	5
9. Gewerkschaften	24	38	22	9	7
10. Gesetzliche Krankenversicherung	23	36	26	12	3
11. Bundesregierung	23	35	25	12	5
12. kath. Kirche	26	30	16	13	15

---

7   Vgl. ebd., S. 21.

13. Gesetzliche Rentenversicherung	21	34	27	13	5
14. Bundesagentur für Arbeit	11	27	31	25	6
15. Politische Parteien	10	29	37	21	4

Quelle: *Sozialwissenschaftliches Institut der Bundeswehr*

Übersicht:
Abnehmende Zustimmung zu den Auslandseinsätzen der Bundeswehr über die vergangenen 5 Jahre (Zustimmung in %)[8]

	2005	2006	2007	2008	2009
ISAF (Afghanistan)	64	49	60	64	50
KFOR (Kosovo)	75	62	70	70	66
EUFOR (Bosnien und Herzegowina)	68	63	70	70	64

Quelle: *Sozialwissenschaftliches Institut der Bundeswehr*

Auftragswahrnehmung speziell im Ausland[9]

Die These, dass die Deutschen ihre Soldatinnen und Soldaten lieber als Helfer, Unterstützer und Beschützer und weniger als aktiv handelnde

---

8   Vgl. Sozialwissenschaftliches Institut der Bundeswehr, *Sicherheits- und verteidigungspolitisches Meinungsklima in Deutschland, Ergebnisse der Bevölkerungsbefragung Oktober/November 2009*, Kurzbericht, Strausberg, Januar 2010, S. 36.
9   Vgl. dazu die Tabelle im Anhang dieser Arbeit zur Aufgabenwahrnehmung.

Kämpfer sehen, wird sowohl hinsichtlich der Aufgabenwahrnehmung im Ausland als auch im Inland unterstützt.

Im Ausland sehen die Deutschen ihre Soldaten lieber im Einsatz bei Naturkatastrophen, bei der Evakuierung von deutschen Staatsbürgern oder in der Befreiung von deutschen Geiseln aus der Hand von Geiselnehmern. Sie sehen sie ungern in der Absicherung demokratischer Wahlen oder in der Stabilisierung der Sicherheitslage in einer Region dieser Welt. Die Unterstützung für einen Einsatz der Bundeswehr im Ausland fällt immer dann zurückhaltender aus, wenn der militärische Charakter einer Mission deutlich hervortritt, wie z.B. im Fall des ISAF-Einsatzes.[10] Eine Mehrheit der deutschen Bevölkerung ist sogar dafür, sich komplett aus Krisen und Konflikten anderer Länder herauszuhalten und sich stattdessen stärker auf die Bewältigung der Probleme im eigenen Land zu konzentrieren.[11] Es ist eine deutliche Präferenz für ein ziviles, nicht militärisches Engagement Deutschlands zu erkennen. Dieses dehnt sich sogar auf die militärische Zusammenarbeit innerhalb der Nato, die Bekämpfung des Terrorismus bzw. auf das Verhindern der nuklearen Aufrüstung aus. Generell jedoch, ist das Wissen über die Auslandseinsätze der Bundeswehr mehr als gering. Selbst wesentliche Fakten sind maximal 5% der Deutschen bekannt. Viele Deutsche haben von so wichtigen und langjährigen Einsätzen, wie dem EUFOR-Einsatz z.B. überhaupt noch gar nichts gehört.

Vor allem dieser geringe Wissensstand kann dafür verantwortlich gemacht werden, dass die Bevölkerung verhältnismäßig anfällig für Medienberichte über kritische Vorfälle ist. Dies in dem Maße, dass z.B. ein Anschlag auf die Bundeswehr das Meinungsbild kurzzeitig stark negativ beeinflussen kann. Die Zustimmung zu den Auslandseinsätzen als einer

---

10 Vgl. Pietsch, Carsten, Das sicherheits- und verteidigungspolitische Meinungsklima in Deutschland, in: Europäische Sicherheit, 04/2009, S. 62.
11 Vgl. ebd., S. 61

Aufgabe der Streitkräfte im Allgemeinen, wird dabei getragen vom Vertrauen in die Institution Bundeswehr. Dieses könnte sich jedoch langfristig ändern, wenn die stark durch Medien beeinflussbare Wahrnehmung der Bundeswehr überwiegend negativ konnotiert würde.

Auftragswahrnehmung speziell im Inland

Auch bei der Analyse der Aufgabenwahrnehmung im Inland zeichnet sich das Bevölkerungs-Bild einer Bundeswehr zur Landesverteidigung und zum Helfen und Unterstützen bei Naturkatastrophen sehr deutlich. 90% der Bundesbürger sehen ihre Bundeswehr in der Hauptaufgabe zur Verteidigung des eigenen Landes. Zum Einsatz in der Katastrophenhilfe sind es fast genauso viele.

Frage: Welche Aufgaben sollte die Bundeswehr Ihrer Meinung nach in Deutschland übernehmen…?

Antwort: Die Bundeswehr sollte in Deutschland eingesetzt werden……

Antwortoption	Stimme zu	Stimme eher zu	Lehne eher ab	Lehne ab
zur Verteidigung bei einem militärischen Angriff auf unser Land	90	8	1	1
zur Katastrophenhilfe	89	9	1	1

Zur Überwachung des deutschen Luftraumes, um Terroranschläge mit Flugzeugen zu verhindern	81	14	2	3
zur Suche und Rettung von Vermissten	80	14	4	2
Überwachung der Küsten und Hafenanlagen, Terroranschläge mit Schiffen verhindern	77	16	3	4
zum Schutz von Kernkraftwerken, Chemiewerken sowie ähnlichen Anlagen vor Terroranschlägen	71	18	6	5
zum Schutz von Flughäfen, Bahnhöfen und anderen öffentlichen Gebäuden vor Terroranschlägen	71	16	7	6

| Sicherung Landesgrenzen gegen illegale Einwanderer | 60 | 18 | 10 | 12 |

Quelle: Sozialwissenschaftliches Institut der Bundeswehr

Es kann an dieser Stelle somit eine starke Korrelation zwischen denen der Bundeswehr von der Bevölkerung zugeschriebenen Aufgaben im In- und Ausland festgestellt werden.

3. Der Ländervergleich – Zur Situation in Großbritannien, den USA, Frankreich, den Niederlanden und Dänemark

Die wesentlichen Bezugsgrößen des Ländervergleichs

Zur Ermittlung der wesentlichen Bezugsgrößen für den Ländervergleich, soll der Begriff der „Strategischen Kultur" dienen. Grund dafür ist, dass inzwischen bekannt ist, dass zwischen den Einstellungen der Bevölkerung zu sicherheits- und verteidigungspolitischen Fragen und damit zum Verhältnis der Gesellschaft zum Militär sowie spezifischen kulturellen Faktoren eines Landes ein enger Zusammenhang besteht.[12] Diese Erkenntnis entspricht neuerer politikwissenschaftlicher Forschung. Danach wird das außen- und sicherheitspolitische Verhalten von Staaten maßgeblich durch ihre nationale strategische Kultur bestimmt. Dahinter verbirgt sich ein ganzes Bündel von Faktoren und Umfeldbedingungen, die diese „Strategische Kultur" eines Staates beeinflussen. Aus diesem Bündel an Faktoren, welches für die Zwecke dieser Studie aufgeschnürt werden soll, sollen insgesamt vier entnommen werden.

---

12 Vgl. Alastair Iain Johnston, Thinking about Strategic Culture, in: *International Security*, Vol. 19, No 4, 1995, S. 32-64.

Quelle: eigene Darstellung des Autoren

Diese vier Faktoren, welche demnach als Bezugsgrößen dienen, werden sein:

- die Einstellungen der Bevölkerung zu den eigenen Streitkräften;
- die bevorzugten außen- und sicherheitspolitischen Ziele der jeweiligen Länder;
- die von der entsprechenden Bevölkerung bevorzugten Aufgaben der Streitkräfte
  und
- die Art der Gestaltung der Wehrform in Verbindung mit dem Bodybag-Faktor und der Rolle der Medien

Der Autor hat sich genau für eben die Auswahl dieser Faktoren entschieden, weil mit ihrer Hilfe das Verhältnis von Militär und Gesellschaft ganz besonders charakterisierbar ist. So offenbart gerade die Frage nach „shared assumptions" sowie „individual and group conceptions" die Einstellung und das Verhältnis einer Gesellschaft zu ihrem sozialen, organisatorischen und politischen Umfeld.[13] Somit erscheinen die ausgewählten Faktoren und Umfeldbedingungen erforderlich, um eine Aussage über den Stellenwert dieses Verhältnisses - sowohl für die eingesetzten Soldaten, als auch das Verhältnis zu deren „Auftraggeber", sprich dem Parlament/der Politik und natürlich auch zur Gesellschaft selber – treffen zu können. Es wird somit eine Bewertung des jeweiligen, landesspezifischen Zusammenhangs zwischen den Bevölkerungseinstellungen und den nationalen strategischen Kulturen möglich. Dabei weist natürlich eine solche Herangehensweise eine nicht zu leugnende Schwäche auf: Aufgrund der Komplexität des Themas gibt es keine Untersuchung resp. valide Umfrage, die alle länderübergreifenden und für diese Studie notwendigen Informationen auf einmal enthält. Solch eine Studie würde natürlich aus Gründen der Einheitlichkeit und Vereinfachung das Vorgehen erleichtern. Somit setzt sich die Empirie dieser Studie zwangsläufig aus den Daten unterschiedlicher Umfragen als auch der Auswertung anderer Quellen zusammen. Andererseits eröffnet sich dadurch natürlich auch ein weitgefächertes Spektrum von Daten und Informationen, welches eine große Bandbreite abdeckt und nicht in dem Verdacht stehen könnte, Mängel in der Zuverlässigkeit und Aussagekraft aufzuweisen.[14]

---

13 Johnston, *Thinking about Strategic Culture* [wie Fn. 12], S. 45.
14 Eine systematische Bevölkerungsbefragung, ähnlich der jährlichen deutschen Bevölkerungsbefragung des Sozialwissenschaftlichen Instituts der Bundeswehr, erfolgt international leider nicht. Es wird jeweils auf die aktuellsten Daten und Werte zurückgegriffen, die jedoch nicht zwangsläufig aus dem Jahr 2010 stammen müssen.

Mit Hilfe der vergleichenden Analyse dieser Faktoren sollen somit die hervorstechenden Charakteristika der strategischen Kulturen in den Ländern Großbritanien, den USA, Frankreich, den Niederlanden und Dänemark untersucht werden. Dabei bieten sich bei solch einem Ländervergleich üblicherweise zwei unterschiedliche Vorgehensweisen an: Zum einen ließen sich die einzelnen Länder nacheinander unter den verschiedenen Kriterien „durchdeklinieren". Zum anderen könnte man unter der Überschrift der Kriterien das Gleiche mit den einzelnen Ländern machen. Es erschien hier der Übersichtlichkeit halber, sich die zweite Vorgehensweise anzubieten, welche dann auch gewählt wurde.

Der Grund für die Auswahl eben dieser Länder lag in Folgendem: Es sind einerseits ohne Zweifel die wichtigsten Partner der Bundesrepublik in Nato und EU, sprich die USA, Großbritannien und Frankreich. Andererseits sind aber auch kleinere Länder enthalten, die jedoch ebenfalls von großer Relevanz sind. Diese zeichnen sich u.a. dadurch aus, dass sie seit dem Fall des Eisernen Vorhanges einerseits zu den einsatzfreudigen und andererseits auch zu den reformfreudigen Ländern gehören. Dies sind die Niederlande und Dänemark. Dass diese „Einsatzfreude" dort zu kontroversen innenpolitischen Diskussionen geführt hat, ist dabei sicherlich ein Kriterium der Auswahl gewesen. Gleichzeitig war es aber auch wichtig, mindestens ein Land mit der Wehrform „Wehrpflicht" zu wählen, was auch für Dänemark sprach. Dänemark gewinnt auch deswegen noch eine zunehmende Relevanz, weil die derzeit in der Bundesrepublik diskutierte Form einer freiwilligen Wehrpflicht dem dänischen Wehrpflichtmodell sehr ähnlich ist. Dies mag auch der Grund dafür sein, dass auf Dänemark hier und da etwas ausführlicher eingegangen werden wird. Darüber hinaus war es ganz entscheidend, mit Blick auf die Datenlage, die Länder zu wählen, bei denen aus dem vorhandenen Datenmaterial ausreichend Rückschlüsse gezogen werden können. Dieses in summa führte zur Auswahl der erwähnten fünf Nationen.

In einem ersten Überblick über die untersuchten fünf Länder, werden Unterschiede in Bevölkerungsgröße, Streitkräftezahlen, finanzieller Ausstattung und Wehrform deutlich.

Die Länder und ihre Streitkräfte 2010

	GB	USA	Frankreich	NL	Dänemark
Bevölkerung in Millionen	60,6	307	65,4	16,6	5,3
Aktive Streitkräfte	195.900	1,47 Mio	347.000[15]	65.000	16.400
Wehrform*	BA seit 1962	BA seit 1973	BA seit 2002	BA seit 01.08.1997	WA seit 1949 (über 15% Wehrpflichtige)
Budget in € (Milliarden)	43,7 (2,5% of GDP)	608,0 (4,06% of GDP)	32,0 (2,6% of GDP)	8,35 (1,4% of GDP)	3,05 (1,3% of GDP)
Einsatzzahlen im Jahr 2010	10.500[16] (5,35%)	207.000 (14 %)	12.000 (3,5 %)	2.060 (4,4%)	750 (5%)

Quelle: CIA World Fact Book sowie die Homepages der jeweiligen Verteidigungsministerien und andere[17] **Legende:** BA = Berufsarmee/WA= Wehrpflichtarmee

---

15 Inklusive Gendarmerie.
16 Nicht enthalten sind die „permanent overseas postings" sowie die „low intensity operations".
17 Vgl. Statistical Information Analysis Division, <http://www.siadapp. dmdc.osd. mil/personnell/MILITARY/mso.pdf> (eingesehen am 25.08.2010);

Faktor 1 – Die Einstellungen der Bevölkerung zu den eigenen Streitkräften – („Yes, but without me")

Der internationale Vergleich soll mit dem 1. Faktor, den Einstellungen der jeweiligen Bevölkerungen zu den eigenen Streitkräften begonnen werden. Von diesen affektiven Aussagen jedes Einzelnen bezüglich dessen grundsätzlicher Haltung zu den eigenen Streitkräften wird angenommen, dass diese eine starke Erklärungskraft bezüglich der Einstellung zu verteidigungs- und sicherheitspolitischen Themen haben.[18] Dies liegt darin begründet, dass man davon ausgeht, dass der Bürger in Themenbereichen mit geringer persönlicher Involvierung seine Einstellung oftmals aus allgemeinen, generellen Wertorientierungen ableitet.

Zu den Ländern

Großbritannien
Generell steht die Bevölkerung Großbritanniens auf einem hohen Level hinter ihren Streitkräften. Sie unterstützt deren Tun und hegt große Sympathie für sie. Allerdings ist ähnlich wie in der Bundesrepublik ein freundliches Desinteresse, gar eine Ignoranz an Fragen der Streitkräfte und Sicherheitspolitik festzustellen. Spezielle Fragen zu Operationen, oder Organisationsstrukturen des Militärs interessieren fast gar nicht.[19] Auch in Großbritannien wird die nachhaltige politische und gesellschaftliche Diskussion um die Gründe des Einsatzes von Streitkräften außerhalb des eigenen Territoriums vermisst und gleichzeitig eingefordert.

Nato Public Diplomacy Division, *Financial and Economic Data Relating to Nato Defence*, Press Release 19. February 2009, Bruxelles.

18   Vgl. SOWI, Bevölkerungsbefragung 2007, [wie FN 8], S. 167.
19   Vgl. Peter Riddell, Armed Forces, Media and the Public, in: *The RUSI Journal*, 153, 2003, S. 15.

Dänemark

Ähnliches ist auch aus Dänemark zu vermelden. Hier ist die Wahrnehmung in der öffentlichen und politischen Debatte eher gering. „Defense policy has a relativ marginal position in the public debate and the political specter"[20]. Und als Problemlösung wird gleich angeboten: „The key to sustaining public support is an elite consensus that includes politicians in government and opposition as well as key opinion leaders: influential intellectuals, academics and columnists."[21] Die Existenz von Streitkräften, insbesondere von Wehrpflichtigen-Streitkräften wird überwiegend an deren Nutzen festgemacht. Obwohl die Wehrpflicht in Dänemark eine lange Tradition hat (seit 1849), wird gegenwärtig ihre Sinnhaftigkeit als flexibles Element zur Landesverteidigung und zur Nachwuchsgewinnung in den Vordergrund gestellt. Besonders emotionale Aspekte finden sich nicht.

Frankreich

Der Blick nach Frankreich offenbart eine ganz spezielle, wenn auch nicht stark abweichende Einstellung der Bevölkerung, wie wir sie in den restlichen untersuchten europäischen Staaten vorfinden. Zum einen ist auch aus Frankreich ein zunehmendes Desinteresse der Bevölkerung an Fragen des Militärs und der Streitkräfte festzustellen. Dieses wird zeitweise beschrieben mit den Worten: leidenschaftslos oder auch desinteressiert. Eine generelle Existenz des Militärs, sprich also dessen Notwendigkeit als ganz normaler Bestandteil der Gesellschaft, wird von den Franzosen

---

20 Henning Sörensen, Increasing Military Influence in Danish Civil-Military Relations, in: Kümmel/Cafario/Dandecker (Eds.), *Armed Forces, Soldiers and Civil-Military Relations* [wie FN 2], S. 152.

21 Peter Viggo Jakobsen, zit. in: Alistair Macdonald, Denmark Rallies Public Behind Afghan War, in: *The Wall Strett Journal*, February 23, 2010, <http://online.wsi.com/article/SB10001424052748703503804575083430458306468.html?mod=WSJEUROPEhpsMIDDLEFourthNews#printMode>(eingesehen am 24.02. 2010).

jedoch mit mehr als zwei Dritteln bejaht. Gemäß der jüngsten Bevölkerungsumfrage von 2004 haben insgesamt 83% der befragten Franzosen eine generell positive Einstellung zu ihren Streitkräften. Gegenüber vorhergehenden Befragungen zu Beginn der 90-er Jahre ist dies sogar eine signifikante Steigerung. Insbesondere junge Menschen vertrauen den französischen Streitkräften. Das Militär nimmt somit in der Liste der staatlichen Institutionen, denen die Menschen am meisten Vertrauen schenken, hinter der französischen Feuerwehr sogar den 2. Platz ein.[22] Gleichzeitig betrachten fast 80% der Franzosen ihre Armee auch als einen Sympathieträger, der ihnen ein hohes Sicherheitsgefühl vermittelt und auf die die Franzosen auch stolz sind. Diese Einstellungen symbolisieren einerseits eine hohe emotionale Bindung an das Militär und stehen für eine traditionell enge Verbindung von Nation und Streitkräften. Zum anderen jedoch ist auch so etwas wie eine traditionell geprägte „Angst vor dem Militär" zu beobachten.[23] Sie beruht, berechtigt oder nicht, auf kollektiven Stereotypen und auf historischen Erfahrungen. Dieses ist zeitweise verbunden mit dem Gefühl der intellektuellen Überlegenheit gegenüber dem Militär. Soldaten wird teilweise das Recht abgesprochen, nach den Gründen für politische Entscheidungen zu fragen. Gleichzeitig wollen die Soldaten in Frankreich selber jedoch auch vermeiden, sich irgendwie, auch nur ansatzweise als potentielle Militärputscher zu äußern. Des Weiteren ist auch in Frankreich eine starke Zurückhaltung der Bevölkerung zum Einsatz von Kampftruppen

---

22 Vgl. Französisches Verteidigungsministerium, *Principaux enseignements de l`enquete annuelle sur "l`image des armées » vague 2004*, Bevölkerungsumfrage 2004, Paris 2005.
23 Vgl. Pajon, Christophe, Das überbeanspruchte Heer Frankreichs: Ein Modellfall für das zivil-militärische Verhältnis, in: Haltiner, Karl, W./Klein, Paul (Hg.), *Europas Armeen im Umbruch*, Baden-Baden 2002, , S. 132.

innerhalb internationaler Einsätze, unter gleichzeitig Befürwortung eines Totalabzuges aus den Einsatzgebieten wie Afghanistan zu verzeichnen.

USA

In den USA finden wir eine generell hohe Zustimmung der Bevölkerung zu ihren Streitkräften. Einer Gallup-Umfrage[24] vom Juli 2006 zufolge, hatten 73 % der Befragten „quite a lot" Vertrauen in das Militär. In dieser Umfrage überflügelte das Militär somit in der Liste der Institutionen, denen die Menschen am meisten vertrauen, die Polizei (58%) und religiöse Vereinigungen (52%) um knapp 15 Prozent.[25] Die Amerikaner sind stolz auf ihre Armee und empfinden ein Gefühl der Dankbarkeit. Ihnen können im Vergleich die höchsten Zustimmungswerte zugerechnet werden. Zu einer überwiegenden Mehrheit sind die Amerikaner der Meinung, dass sich ihre Streitkräfte als nützlich erwiesen haben und zweifeln somit auch nicht an deren allgemeiner Existenzberechtigung. Eher ganz im Gegenteil, die US-Amerikaner sprechen sich für eine von materiellen sowie real- und machtpolitischen Kalkülen geleitete Außen- und Sicherheitspolitik aus. Sie befürworten Einsätze auch dann, wenn diese eine hohe Intensität haben und Kampfeinsätze einschließen. Was wir jedoch auch in Amerika vorfinden, ist abseits dieser Zustimmung ein zunehmendes Desinteresse am Militär.

Frankreich und Großbritannien befinden sich also in puncto grundsätzlicher Einstellung der Bevölkerung zu den nationalen Streitkräften somit etwas „hinter" den Amerikanern, was die positiven Zustimmungswerte angeht. Dabei haben die Briten noch eine etwas positivere Einstellung als die Franzosen. So sind z.B. mit 71% der Briten und nur 65% der Franzo-

---

24 Die Gallup-Organization ist eines der führenden US-amerikanischen Markt- und Meinungsforschungsinstitute mit Sitz in Washington, D.C.
25 Vgl. Andrecka Hammonds, *Gallup Poll 2006*, <http://usmilitary.about.com/od/theorderlyroom/a/poll2006.htm> [eingesehen am 26.08.2010].

sen der Ansicht, dass sie alles in allem eine positive Haltung zu den nationalen Streitkräften vertreten.

Niederlande
Was die Niederlande betrifft, so findet sich hier die zunehmende Auflösung einer aus Deutschland bekannten Ambivalenz. Einerseits sehen die Niederländer ihre Streitkräfte in der überwiegenden Mehrheit gerne für ausschließlich humanitäre Aufgaben verwendet. Andererseits wird den Streitkräften eine weiter steigende professionelle Rolle als politisch beauftragtem Instrumentarium, welches Kampfhandlungen ausführen darf, zugestanden. Damit verbindet man automatisch Konsequenzen wie Risiken für Leib und Leben und sogar das Töten oder Getötetwerden. So bestätigen z.B. zwei Drittel der Niederländer, dass sie auch dann für die Fortführung eines Einsatzes sind, wenn es Tote und Gefallene unter den niederländischen Soldaten gibt.[26]

Die nachstehende Tabelle fasst die Erkenntnisse der Streitkräfteakzeptanz in den einzelnen Ländern in drei Dimensionen zusammen. Diese Dimensionen können als Faktoren mit der größten Erklärungskraft für die Akzeptanz von Streitkräften in der Bevölkerung gewertet werden.

---

26 Vgl. Henk Kamp, New future for the Netherlands armed forces, in: *The RUSI Journal*, 2004, 149, S. 46.

Übersicht Faktor 1: Die Einstellungen der Bevölkerung zu den eigenen Streitkräften = Ausdruck für die Akzeptanz der Streitkräfte

Dimension / Land	Nützlichkeit	Emotionale Bindung	Selbstverständliche Existenz
USA	+	++	--
Großbritannien	0	++	+
Frankreich	+	++	+
Niederlande	+	0	0
Dänemark	+	-	0

Quelle: eigene Darstellung des Autoren
Legende:
++ von großer Bedeutung / + von Bedeutung / 0 neutral / - weniger von Bedeutung / -- von sehr geringer Bedeutung

Zusammenfassung Faktor 1
Ein Vergleich der Einstellungen zu den eigenen Streitkräften von Amerikanern, Briten, Franzosen, Niederländern und Dänen ergibt ein klares Bild: In den Staaten, in denen eine langfristige und traditionell gewachsene Beziehung zwischen Bürgern und Armee besteht, stehen die Bürger ihrer Armee sehr positiv gegenüber. Hat die jeweilige Armee eine längere und positiv konnotierte Tradition als Einsatzarmee, sind auch die Haltungen der Bevölkerung positiver und umgekehrt. Dabei muss beachtet werden, dass in allen untersuchten Ländern die Bevölkerung eine relativ affektive Haltung zu ihren Streitkräften hat. Sie verbindet diese mit Begriffen wie Stolz und Dankbarkeit. Diese Erkenntnisse machen deutlich, dass die Zustimmung oder Ablehnung militärischer Einsätze im Ausland in den einzelnen Ländern somit nicht nur tagesaktuell begründet ist, sondern auch auf tief liegende historische und gesellschaftli-

che Faktoren zurückgeführt werden kann. Diese Faktoren prägen u.a. die Beziehung der Bevölkerung zu ihren Streitkräften.[27] In allen untersuchten Ländern ist unabhängig von der Zustimmung der Bevölkerung zur Armee im Allgemeinen bzw. den Auslandseinsätzen im Speziellen, ein nachlassendes Interesse an den Streitkräften zu spüren. Manchmal wird dies als Ignoranz, manchmal als Desinteresse beschrieben.

Faktor 2 – Die bevorzugten außen- und sicherheitspolitischen Ziele

Die Antwort auf die Frage nach denen von der Bevölkerung bevorzugten außen- und sicherheitspolitischen Zielen des jeweiligen Landes offenbart deutliche Unterschiede über die sicherheitspolitische Rolle, die dem jeweiligen Land von seiner Bevölkerung zugedacht wird.
Grundsätzlich lässt sich dabei eine grobe Unterscheidung zwischen ideellen und normativen Prioritäten auf der einen Seite und materiellen und realpolitischen Prioritäten auf der anderen Seite machen.[28]

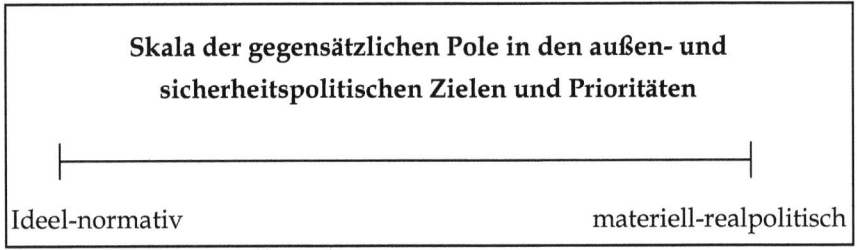

---

27 Vgl. Sozialwissenschaftliches Institut der Bundeswehr, *Sicherheits- und verteidigungspolitisches Meinungsklima in der Bundesrepublik Deutschland, Ergebnisse der Bevölkerungsbefragung 2006 des Sozialwissenschaftlichen Instituts der Bundeswehr*, Forschungsbericht 84, Strausberg, April 2008, S. 88.
28 Vgl. Ebd., S. 88ff.

Zu den Ländern

Großbritannien

Für die Briten sind sowohl ideell-normative Präferenzen, wie die Förderung von Menschenrechten und die weltweite Friedenssicherung, als auch materielle Ziele, wie die Sicherstellung des Wohlstandes der Nation, inklusive Energie- und Rohstoffsicherheit von Bedeutung. So stimmten im vergangenen Jahr z.B. jeweils 69% bzw. 51% der Befragten Briten mit dem höchst möglichen Zustimmungswert „strongly agree" den Aussagen: „UK Armed Forces are a force for good in the world" bzw. „UK Armed Forces contribute to making the world a safer place" ebenso zu, wie sie mit Werten von über 70% bzw 80% den konkreten Einsatz im Rahmen der UN bzw. anderern Friedensmissionen zustimmten.[29] Ein enger Zusammenhang zwischen den somit eher moderat ausgeprägten Zustimmungswerten der Bevölkerung Großbritanniens als Großmacht und der britischen strategischen Kultur, die eng verbunden ist mit den Kolonien des British Empire, scheint es nicht zu geben.[30]

Dänemark

Was Dänemark angeht, so trat für die Streitkräfte nach dem Fall der Mauer eine relativ komfortable Situation ein. Diese war gekennzeichnet, ähnlich wie für die anderen ehemaligen Blockstaaten, von einer bedrohungsfreien Phase. Vormals Frontstaat, begann Dänemark nun seine Rolle in der sicherheitspolitischen Weltordnung neu zu definieren. Es verstand und versteht sich dazu mehr als „Produzent", denn als „Kon-

---

29 Vgl. Ministry of Defence, Poll for Defence Green Paper 2009 – Results, http://www.mod.uk/NR/rdonlyres/5DFDEA62-95EF-4157-896E-EC71F8E2AFBO/0/20091214_Results_Poll_Defence_Green_Paper.pdf (eingesehen am 09.09.2010).
30 Vgl. Ministry of Defence, *The Strategy of Defence,* <http:/www.mod.uk/NR/rdonlyres/32421DC3-CA13-47BL-88F4-2F77F973CB67/0/strategystatement.pdf>(eingesehen am 09.09.2010).

sument" von Stabiltät und Sicherheit.[31] Der außenpolitische Schwerpunkt sollte dazu in einer stärkeren Akzenturierung der Mitgliedschaft in Nato und UN liegen sowie in der Betonung der Absicherung des internationalen Systems. Was hingegen die Gemeinsame Europäische Sicherheits- und Verteidigungspolitik anbelangt, so hat sich die Bevölkerung Dänemarks in einem Referendum dafür entschieden, sich hieran nicht zu beteiligen. Die Gewährleistung und Unterstützung zur Herstellung der regionalen Sicherheit und Stabilität im baltischen Raum ist für Dänemark hingegen eines der wichtigsten außen- und sicherheitspolitischen Ziele. Es ist Dänemark in den Jahren bis 2009 erfolgreich gelungen, das Konzept der „total defence"[32] an neue sicherheitspolitische Konstellationen anzupassen. Besonders aber auch die Beteiligung an den Einsätzen in Afghanistan und im Irak beförderten die strategische Neuausrichtung der dänischen Streitkräfte. Als wichtigste Ziele der Außen- und Sicherheitspolitik Dänemarks kann man nunmehr die folgenden formulieren:

a.) die Bekämpfung direkter und indirekter Bedrohungen der Sicherheit Dänemarks und seiner Alliierten;
b.) die Bewahrung der dänischen Souveränität und der Schutz der dänischen Bürgerinnen und Bürger;
c.) die Mitarbeit am Weltfrieden und der internationalen Sicherheit in Übereinstimmung mit der UN-Charta, insbesondere durch Einsätze im

---

31 Vgl. Bartel Heurlin, The New Danish Model: Limited Conscription and Deployable Professionals, in: Curtis L. Gilroy, Cindy Williams (Eds.), *Service to Country. Personnel Policy and the Transformation of Western Militaries*, Cambridge 2006, S. 161f.

32 Das Konzept der „total defence" war das während des Kalten Krieges verwandte Verteidigungskonzept der Dänen.. Es fußte darauf, im Angriffsfall auf Dänemark alle verfügbaren Ressourcen an Mensch und Material zum schnellen Gegeneinsatz zu bringen.

Rahmen der Krisenprävention, des peace-keeping und humanitärer Operationen.[33]

Die Bevölkerung Dänemarks steht dabei hinter dem Beitrag ihrer Streitkräfte zur internationalen Friedenssicherung. Sie befürworten zu mehr als drei Vierteln den Einsatz der Streitkräfte im Rahmen einer glaubwürdigen Verteidigung ihres Landes und stellen sich somit hinter die sicherheitspolitischen Ziele ihrer Regierung. Die Verortung Dänemarks auf der eingangs formulierten Skala könnte man dementsprechend etwas stärker in Richtung ideel-normativer Weise als in materiell-realpolitischer vornehmen. Es herrscht somit eher eine abnehmende, denn eine zunehmende Skepsis über die sicherheitspolitischen Ziele Dänemarks. Und dies trotz einer kritischer werdenden dänischen Gesellschaft.[34]

Frankreich

Was die französische Bevölkerung anbelangt, so legt diese neben idell-normativen Prioritäten, wie der Friedenssicherung in der Welt oder der Förderung von Menschenrechten, besonderen Wert auf materiell-realpolitische Ziele. Dies sind z.B. die Energie- und Rohstoffsicherheit bzw. die Sicherung des Wohlstandes der Nation, verbunden mit der Bekämpfung des internationalen Terrorismus. Somit befindet sich die Bevölkerung Frankreichs weder an einem noch am anderen Ende der Skala. Jedoch lässt sich recht deutlich die starke machtpolitische Prägung der Einstellungen der französischen Bevölkerung erkennen. Es geht den Franzosen als ein wesentliches Ziel ihrer Außen- und Sicherheitspolitik darum,

---

33 Vgl. Daniel Hippler, Seitenblicke: Die Wehrpflicht in Dänemark, in: Andreas Ahammer/Stephan Nachtigall, (Hg.), *Wehrflicht – Legitimes Kind der Demokratie*, Berlin 2010, S. 391.

34 Vgl. Christoph Lenz, Die Reform der dänischen Streitkräfte, in: Karl. W. Haltiner/Paul Klein (Hg.), *Europas Armeen im Umbruch*, Baden-Baden 2002, S. 215.

Frankreichs Macht und Einfluss in der Welt zu stärken und die Größe und Bedeutung der französischen Republik zu betonen. Diese Akzentuierung weist auf ein traditionelles Großmachtdenken als Teil der französischen strategischen Kultur hin.

USA

Die US-Amerikaner sind im Verhältnis zu den anderen Nationen von stärkeren realpolitisch-materiellen Erwägungen geprägt. So zählen für die Amerikaner vor allem die Sicherung des Wohlstandes und die Verhinderung einer atomaren Bewaffnung als bevorzugte Ziele und Prioritäten der US-amerikanischen Außen- und Sicherheitspolitik. So genießt u.a. für 85% der Menschen in den USA das langfristig angelegte Ziel der Sicherung von Arbeitsplätzen amerikanischer Staatsbürger oberste Priorität. Dieses „protecting the jobs of American workers" hat dabei anscheinend eine längere Tradition, die auch als Teil der U.S.-strategic culture betrachtet werden kann. So rangierte dieses Ziel amerikanischer Außen- und Sicherheitspolitik schon zu Zeiten des Vietnamkrieges bzw. kurz da nach ganz oben in der Prioritätenliste der amerikanischen Bevölkerung.[35] Gleichzeitig spiegelt das US-amerikanische Meinungsbild eine große Präferenz für stark machtpolitisch geprägte außen- und sicherheitspolitische Prioritäten wider und befindet sich diesbezüglich in Analogie zum französischen Meinungsbild. Dieses US-amerikanische Meinungsbild deckt sich mit einer US-amerikanischen strategischen Kultur als „Weltpolizist". Hierin widerspiegeln sich die vergleichsweise enormen technologischen Möglichkeiten der USA.

---

35 Vgl. Bernard Roshco, U.S. Security Policies and Americans`Priorities: Insights From New and Old Polls, in: Philippe Manigart (Ed.), *Future Roles, Missions and Structures of Armed Forces in the New World Order: The Public View*, New York 1996, S. 122f.

Niederlande

Kaum ein Land in Europa hat seine strategische Kultur konsequenter an die Beteiligung an internationale Einsätzen angepasst, wie die Niederlande. So fragt die niederländische Bevölkerung in zunehmendem Maße nach der Nützlichkeit und Sinnhaftigkeit der Existenz und des Einsatzes von Streitkräften. Vor diesem Hintergrund diktieren strikte Sparmaßnahmen sowie die bewusste Inkaufnahme von Lücken in der Gestaltung sicherheitspolitischer Ziele das Geschehen. So ist man sich z.B. in den Niederlanden sehr bewusst darüber, dass die klassische Landes- oder auch Heimatverteidigung nur noch eine marginale Präferenz für das Militär haben kann. Daneben spielen Prioritäten wie die Durchsetzung internationalen Rechts oder der weltweite Kampf gegen Menschenrechtsverletzungen eine große Rolle für die Niederländer. Außerdem ist die Stärkung des internationalen System wie das Einbringen von essentiellen Beiträgen zu internationalen Organisationen wie der NATO eine der wesentlichen außen- und sicherheitspolitischen Prioritäten der Niederländer. Und last but not least, ist es mit Blick auf die Rolle als 14.- größte Wirtschaftsmacht der Welt das Interesse der Niederländer an einem stabilen internationalen System zur Gewährleistung von Wohlstand und Sicherheit. Das die sicherheitspolitische Ausrichtung des Landes dabei einem stetigen Diskurs unterliegt, zeigt sicherlich u.a. das Scheitern der Regierungskoalition am 15.2.2010, weil keine genügende Mehrheit im Parlament für die Ausweitung des Afghanistan-Mandates gefunden wurde.[36]

---

36 Vgl. Sozialwissenschaftliches Institut der Bundeswehr, *Sicherheits- und verteidigungspolitisches Meinungsklima in der Bundesrepublik Deutschland, Ergebnisse der Bevölkerungsbefragung 2006 des Sozialwissenschaftlichen Instituts der Bundeswehr*, Forschungsbericht 84, Strausberg, April 2008, S. 79-88; Sozialwissenschaftliches Institut der Bundeswehr, *Sicherheits- und verteidigungspolitisches Meinungsklima in der Bundesrepublik Deutschland, Ergebnisse der Bevölkerungsbefragung 2007 des Sozialwissenschaftlichen Instituts der Bundeswehr*, Forschungsbericht 86, Strausberg, Oktober 2008, S. 157-170.

Übersicht Faktor 2:

Vorstellungen zu den bevorzugten Zielen der Außen- und Sicherheitspolitik

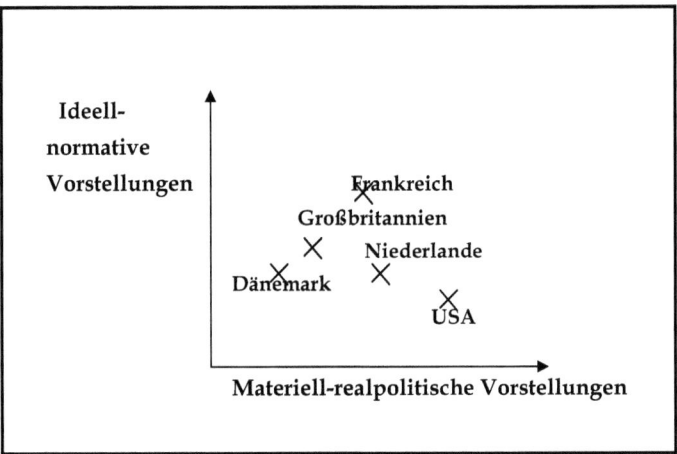

Quelle: eigene Darstellung des Autoren

Zusammenfassung Faktor 2

Die außen- und sicherheitspolitischen Ziele, die von der jeweiligen Bevölkerung eines Landes favorisiert werden, lassen sich auf einer Skala zwischen ideell-normativen Vorstellungen und materiell-realpolitischen Vorstellungen verorten. Als ideell-normativ versteht man dabei z.B. den Einsatz von Streitkräften zur Friedenssicherung in der Welt oder auch die Förderung von Menschenrechten. Als materiell-realpolitisch versteht man hingegen z.B. die Sicherung des Zuganges zu Ressourcen (Rohstoffsicherheit) oder auch die Sicherung des Wohlstandes bzw. die Bekämpfung des Terrorismus, um damit das Sicherheitsgefühl der Bevölkerung zu erhöhen.

Grundsätzlich werden von den jeweiligen Bevölkerungen in unterschiedlicher Ausprägung in den verschiedenen Ländern sowohl die einen als auch die anderen Vorstellungen geäußert. Dabei bilden sich zwei

Pole. Einerseits sind dies die Amerikaner, die in verhältnismäßig starker Art und Weise den Einsatz ihrer Streitkräfte zur Verwirklichung von materiell-realpolitischen Zielen befürworten. Andererseits sind dies die Dänen, die sehr stark ihr Engagement in der Friedenssicherung und der Mitarbeit am Weltfrieden betonen.

Faktor 3 – Die bevorzugten Aufgaben der Streitkräfte

Zu den Ländern

Großbritannien und Frankreich
In Frankreich und Großbritannien herrscht eine relativ große Einigkeit darüber, dass die Bevölkerung ihre Streitkräfte für humanitäre Aufgaben einsetzen möchte. Genauso sieht es auch mit dem Einsatz der Streitkräfte zum Schutz des eigenen Staates bzw. der eigenen Bevölkerung aus. Über 50% der Befragten in Großbritannien und Frankreich sprechen sich gemäß der Studie des Sozialwissenschaftlichen Instituts der Bundeswehr[37] demnach dafür aus, dass ihre nationalen Streitkräfte im Ausland eingesetzt werden sollten, um Opfer von Naturkatastrophen zu versorgen, einen terroristischen Anschlag auf das eigene Land zu verhindern oder einem NATO-Partner nach einem Angriff zu helfen. Was speziell Frankreich anbelangt, so sprechen manche Autoren sogar von einer „massiven Unterstützung" des Einsatzes der französischen Streitkräfte außerhalb des eigenen Territoriums speziell zur Aufrechterhaltung des Friedens. Mandeville et al. drücken dies wie folgt aus: „French public approves the general principles of military intervention for humanitarien and peacekeeping purposes".[38] Sehr moderat sehen somit Briten und Franzosen

---

37 Vgl. SOWI, Forschungsbericht 86 [wie FN 8], S. 165ff.
38 Lucien Mandeville/ Pascale Combelles/ Daniel Rich , French Public Opinion and the new Missions of the Armed Forces, in: Philippe Manigart (Hg.), *Future*

auch den Einsatz von Kampftruppen. Lediglich 15% der Franzosen bzw. 23% der Briten würden gemäß den Transatlantic Trends mehr Kampftruppen zur Stabilisierung der Situation nach Afghanistan schicken. 34% der Franzosen bzw. 41% der Briten wünschen sich sogar einen kompletten Rückzug aus Afghanistan, während dies nur 19% der Amerikaner möchten.[39]

Dänemark
Mit dem Ende des Kalten Krieges lag die Hauptaufgabe der dänischen Streitkräfte in der Heimatverteidigung. Es herrschte das Prinzip der „total defence".[40] Ein aktives militärisches Engagement begann erst wieder mit der Teilnahme an internationalen Auslandseinsätzen. Beginnend mit dem Jahr 1994 und dem Balkankrieg erkannte die dänische Politik, dass der Einsatz von Truppen in internationalen Operationen zu einer Erhöhung des Einflusses auf politischer Ebene führen kann. Dabei wurde und wird, bedingt durch die notwendig gewordene Neuausrichtung der dänischen Streitkräfte, ein zweigleisiges Konzept verfolgt: Nach außen gerichtet, mit Blick auf die Stabilität der internationalen Ordnung, verbessert Dänemark stetig seine Fähigkeiten, im Konfliktfall Truppen mit einer Gesamtstärke von ca. 2.000 Mann in internationale Operationen senden zu können. Dabei soll der verteidigungspolitische Radius Dänemarks, über die Landesgrenzen hinweg gehen. Nur so sei die Sicherheit Dänemarks als auch seiner Alliierten zu gewährleisten.[41] Dänemark will demnach aktiv seine Streitkräfte im Rahmen der Globalisieurng und Entstaatlichung von Bedrohungen einsetzen. Nach innen gerichtet,

---

Roles, Missions and Structures of Armed Forces In The New World Order: The Public View, New York 1996, S. 55.

39   Transatlantic Trends, Topline Data 2009, unter www.gmfus.org/trends/doc/2009_English_Top.pdf, [eingesehen am 23.08.2010], S. 34f.
40   Vgl. Heurlin, *The New Danish Model* [wie FN 23], S. 161f.
41   Vgl. Hippler, *Die Wehrpflicht in Dänemark* [wie FN 25], S. 391.

sprich zur Gewährleistung der Inneren Sicherheit Dänemarks, wurde speziell an der Konzeption der Wehrpflicht gearbeitet und diese unter Bewahrung bewährter Elemente wie militärische Aufklärung und Kontrolle, Katastrophenschutz, Sanitätsdienst und Gegenmaßnahmen im Fall von ABC-Angriffen, um neue Elemente ergänzt. Als derart neue Gefahren wurde der internationale Terrorismus oder auch die Verbreitung von Massenvernichtungswaffen ausgemacht. Die Strategie der „total defence" sieht in angepasster Form jetzt eine Kooperation des Miltärs mit den verantwortlichen zivilen Einrichtungen und Stellen vor. Dabei soll eine Adhoc-Stärke von bis zu 5.000 Soldaten für die Unterstützung von Feuerwehr, Polizei und anderen Diensten zur Verfügung stehen. Diese Unterstützung des Zivilen soll u.a. durch eine dreijährige „Bereitschaftszeit" der ehemaligen Wehrpflichtigen erreicht werden. Die Bevölkerung Dänemarks unterstützt diesen Kurs in der dänischen Politik zum Einsatz der Streitkräfte als Mittel zur internationalen Konfliktverhütung und Krisenprävention. So votierten fast 60% der Dänen im vergangenen Jahr für den Einsatz ihrer Streitkräfte rund um den Globus. Und sie tun dies im Bewusstsein der Gefährdung ihrer Soldaten sowie der Dänen zu Hause. ¾ der Dänen halten es nämlich für sehr wahrscheinlich, dass durch den Einsatz z.B. in Afghanistan, die Gefahr von Terroranschlägen in Dänemark bzw. in den Einsatzgebieten wächst.[42]

USA

Grundsätzlich herrscht in den Vereinigten Staaten eine positive Grundstimmung sowie Zustimmung der Bevölkerung über die von der amerikanischen Regierung den Streitkräften zugewiesenen Aufgaben. So informieren die Transatlantic Trends[43] darüber, dass die US-Amerikaner in der überwiegenden Mehrheit weder eine Truppenreduzierung in Ein-

---

42 Vgl. Ebd., S. 39ff.
43 Transatlantic Trends, *Key Findings 2009*, unter <www.transatlantictrends.org> [eingesehen am 05.07.2010].

satzgebieten wie Afghanistan, noch eine Art und Form des Einsatzes
außerhalb bzw. abseits der geübten Praxis ihren Streitkräften zudenken
möchten. Hierzu gehört auch, dass die Bürgerinnen und Bürger der Vereinigten Staaten die Kampfeinsätze ihrer Soldatinnen und Soldaten befürworten und sich in der Mehrheit auch noch für die Verstärkung ihrer
Kampftruppen in den internationalen Einsatzgebieten, insbesondere Afghanistan aussprechen.

Niederlande
Grundsätzlich sahen sich die Niederlande ebenso wie andere europäische Verbündete in Nato und EU mit dem Wegfall des Ost-West Konfliktes einer grundlegenden Neuorientierung ihrer Streitkräfte und damit
auch einer Umorientierung des politisch bestimmten Einsatzes der
Streitkräfte gegenüber. Dabei ist ein Bedeutungszuwachs der niederländischen Streitkräfte erkennbar. In den Niederlanden wurde und wird, so
wie in anderen europäischen Ländern auch, eine diametrale Entwicklung Gesellschaft – Militär wahrgenommen. Dabei wird als wichtiger
Faktor immer wieder die friedensliebende und gewaltablehnende Haltung der Gesellschaft dem militärischen Zwang zur Gewaltanwendung
gegenübergestellt. Dieses wird u.a. als Grund dafür angesehen, dass ca.
60% der Niederländer ihre Streitkräfte ausschließlich zu humanitären
Aufgaben heranziehen wollen.[44] Andererseits hält man jedoch auch die
militärischen Operationen, so wie sie derzeit durchgeführt werden, für
notwendig. Dabei wird dem Militär seitens der niederländischen Bevölkerung die professionelle Rolle eines „couragierten Problemlösers"
sicherheitspolitischer Problematiken zugewiesen. Dieses ist typisch für
die Aufgabenverteilung auf unterschiedliche Professionen in modernern
Gesellschaften. Dem Militär wird in diesem Zusammenhang die Rolle

---

44 Vgl. Kamp, Henk, *New future for the Netherlands armed forces*, in: The RUSI Journal, 149, S. 45f.

des professionellen und gesellschaftlich mandatierten „Problemlösers außerhalb der Landesgrenzen" zugewiesen. Verantwortlich dafür wird der Umstand gemacht, dass der Link zwischen der Sicherheit der niederländischen Gesellschaft auf der einen Seite und den Bedrohungen irgendwo auf der Welt auf der anderen Seite, in der letzten Zeit schlagartig klar und deutlich wurde. Weitere Umfragen bestätigen, dass die Einflussgröße „Fallen von Soldaten" relativ wenig Bedeutung für die Unterstützung der Bevölkerung für derartige Einsätze hat. Immerhin noch mehr als 66% der niederländischen Bevölkerung befürworten Einsätze, in denen ihre Soldaten sterben könnten. Sie halten einen Rückzug nicht für angebracht. Und 50% sehen die Notwendigkeit des Einsatzes von Landstreitkräften in Kampfaktivitäten hoher Intensität.[45]

Zusammenfassung Faktor 3
Der Blick auf die den jeweiligen Streitkräften von ihren Bevölkerungen zugedachten bevorzugten Aufgaben enthüllt, dass alle den Einsatz ihrer Streitkräfte außerhalb des eigenen Territoriums unterstützen. Diese Unterstützung sollte, geht es nach den Bevölkerungen, in der überwiegenden Mehrheit insbesondere humanitären Aufgaben folgen. Gleichzeitig rangiert aber auch der Einsatz von Streitkräften zum Schutz des eigenen Landes –vor Ort- an vorderer Stelle der Aufgaben. Wirkliche Kampfeinsätze unterstützen von vornherein jedoch nur Minderheiten der untersuchten Bevölkerungen. Hierbei tritt dann die Ambivalenz auf, dass die Notwendigkeit derartiger Einsätze erkannt wird, diese jedoch eben einfach nicht gewünscht ist.

Eine Ausnahme bilden wiederum die Amerikaner: Sie senden ihre Soldaten bedenkenlos in Kampfeinsätze und wollen die Streitkräfte sowohl zur Machtprojektion als auch zur Sicherung des amerikanischen Wohlstandes eingesetzt wissen.

---
45   Vgl. Ebd., S. 45f.

Faktor 4 – Untrennbar: Wehrform, Bodybag-Faktor und die Rolle der Medien

Als ein weiterer Faktor im Verhältnis Militär-Gesellschaft soll quasi ein „Klassiker" dienen: Die Wehrform. Diese wird zusammen mit der allseits beschriebenen Opfer-Sensibilität bzw. Opfer-Bereitschaft einer Gesellschaft analysiert, die gern unter dem plakativen Begriff des „Bodybag-Faktors" subsummiert werden. So wird der Wehrform und hierbei besonders der Wehrpflicht oft nachgesagt, sie erfülle eine Art „Klammerfunktion" von Militär und Gesellschaft. Bezüglich des „Bodybag-Faktors" möchte man annehmen, dass dieser auf die Bevölkerung und deren Rückhalt und Unterstützung für militärisches Handeln einen relativ großen Einfluss hat.

Bevor es jedoch in den konkreten Ländervergleich geht, soll ein kleiner Exkurs zur Bedeutung des Bodybag-Faktors vorangestellt werden.

Exkurs: Der Bodybag-Faktor: oder auch Casualty-averse
Ein wesentlicher Faktor im Verhältnis Militär-Gesellschaft scheint das aktive Kämpfen, Töten und Getötetwerden von Soldaten zu sein. Dieses scheint bisher in der objektiven militärischen als auch der politischen Wirklichkeit noch nicht in Gänze angekommen. Der Institution Bundeswehr, zu deren Alltag die Anwendung militärischer Gewalt und somit auch das aktive Kämpfen, Töten und Getötetwerden gehört, steht einer weitgehenden Tabuisierung und Verdrängung dieses Themas in der Gesellschaft diametral gegenüber.[46] Ähnlich geht es auch den untersuchten Staaten. Alle diese Länder, die man sicherlich weitgehend als moderne

---

46   Vgl. Thies Eisele, *‚Nur auf die Beine..'. Töten im militärischen Selbstverständnis*, Essener Studien zur Semiotik und Kommunikationsforschung, Band 22, Aachen, 2007.

westliche Gesellschaften kennzeichnen kann, verfügen über eine Art Zusammenspiel aus Opfer-Bereitschaft und Opfer-Sensibilität. Diese beiden „Symptome" machen diese Gesellschaften zu postheroischen Gesellschaften. Dabei meint der Terminus Opfer-Bereitschaft in diesem Zusammenhang die schwindende Bedeutung eines Kämpfertypus und der Opferbereitschaft für eine Gesellschaft. Die Opfer-Sensibilität bezieht sich hingegen auf die Reaktionen und „Leidensbereitschaft" einer Gesellschaft, auf Opfer und Tote. Sie bestimmt, wie auf Gefallene seitens unterschiedlicher Akteure reagiert wird. Allgemein gesehen, ist eine hohe Opfer-Sensibilität vorhanden (engl. casualty averse), wenn nach dem Tod von Soldaten die Begründungsnotwendigkeiten und Legitimationsprobleme für militärische Einsätze ansteigen.

Beispiel-Graphik: Casualties im Afghanistan-Einsatz, Stand: Juli 2010*[47]

	Gesamtzahl bis August 2010	Anzahl der eingesetzten Soldaten vor Ort**	Anteil an eigenen eingesetzten Soldaten	Anteil an allen eingesetzten Soldaten***
USA	1255	78.430	1,6%	1,0%
Großbritannien	332	9.500	3,5%	0,2%
Frankreich	47	3.750	1,25%	0,04%
Niederlande	24	380	6,3%	0,02%
Dänemark	36	730	4,9%	0,03%

*Die Operationen OEF und ISAF sind zusammengenommen.
** Stand August 2010
*** Derzeit sind 114.841 Soldatinnen und Soldaten aus Nato-Staaten und 4.978 Soldaten aus Nicht-Nato Staaten in Afghanistan eingesetzt: gesamt also 119.819.

---

[47] Vgl. <http://www.icasualties.org/OEF/Nationality.aspx> (eingesehen am 30.08.2010).

Die Ängste und Befürchtungen, die allgemein rund um casualties bestehen, sind in der Regel negative Konsequenzen für die militärische Einsatzbereitschaft und die Effektivität von Streitkräften. Es werden negative Auswirkungen auf die Moral der Soldaten im Einsatz als auch auf die Unterstützung in der Gesellschaft für die jeweiligen militärischen Operationen befürchtet. Entgehen kann man diesem durch sterile, opferlose Kriegführung; dem out-sourcing militärischer Dienstleistungen oder einer Re-Herosisierung und öffentlich-diskursiven Legititmierung von Einsätzen.

So kann dem Faktor „casulty averse" eine innerhalb der politischen Arena wie auch der militärischen Führung nicht unerhebliche Bedeutung zugeschrieben werden. Was jedoch die Gesellschaften selber anbelangt, so zeigen die Öffentlichkeiten verhältnismäßig weniger Interesse als das gemeinhin befürchtet wird. Dieses Phänomen kann länderübergreifend zwei Ursachenbündel haben: Zum einen ist dies Ausdruck einer gesellschaftlichen Indifferenz moderner Gesellschaften gegenüber denen im Rahmen professionalisierter Arbeitsteilung auftretenden Folgen: Soldaten und Militär soll es geben, sie gehören zum Staat und zur Gesellschaft dazu, jedoch interessieren und kümmern will man sich um ihre Belange nicht. Unter diesem Ursachenbündel ließen sich dann Dänemark, die Niederlande, Großbritannien und Frankreich subsummieren. Ein gutes Beispiel ist dabei die Einstellung der Niederländer zu ihren toten Soldaten. Zwei Drittel der niederländischen Bevölkerung sind auch dann für die Fortführung eines bewaffneten Auslandseinsatzes, wenn er zu Gefallenen geführt hat und voraussichtlich führen wird. Aber auch aus Großbritannien liegen empirische Ergebnisse vor, die eindeutig aufzeigen, dass die Zustimmung der Bevölkerung zum Einsatz ihrer Streitkräfte auch dann nicht sinkt, wenn dieser zu Opfern unter den eigenen Soldaten führt. Wenn überhaupt, dann kommt es nur zu einem kurzzeitigen Absinken der Zustimmungswerte, welche sich relativ schnell wieder erholen.[48] Auch in Dänemark haben z.B. die Befragten einer repräsentativen Umfrage aus dem Jahre 2008 mit einer Mehrheit von insgesamt 56% für eine Weiterführung bzw. sogar noch stärkere Intensivierung des Einsatzes ihrer Soldaten in Afghanistan gestimmt, obwohl es zu diesem Zeitpunkt bereits 11 tote dänische Soldaten gab.[49]

Zum anderen könnte das Phänomen aber auch Ausdruck für einen ins Stocken geratenen Sozialisations- und Lernprozess der Gesellschaften sein: Man hat sozusagen die Lehren aus dem weltpolitischen Wandel und den Bedingungen umfassender und nachhaltiger Globalisierung gezogen und identifiziert sich mit den außen- und sicherheitspolitischen Interessen und Zielen. Das dieser Einsatz für Stabiltät, Frieden, Demokratie und Menschenrechte zuweilen auch militärische Einsätze und diese dann Opfer fordern, wird hingenommen. Unter dieser Kategorie könnten die USA gesehen werden. Dabei ist noch wichtig zu erwähnen, dass die Opferbereitschaft nur so lange auf einem hohen Level bleibt, wie die politischen Ziele des militärischen Einsatzes von der Bevölkerung verstanden und unterstützt werden. Jan van der Meulen drückt dies sehr treffend wie folgt aus: „It has been pointed out, that public opinion can tolerate mounting casaulties as long as there is real belief in the military objektives".[50]

---

48   Vgl. Strachan, *The Civil-military `gap` in Britain* [wie FN 39], S. 51.
49   Vgl. Nanna Hvidt/ Hans Mouriten (Eds.), *Danish Foreign Policy Yearbook 2009*,Copenhagen: Danish Institute for International Studies, S. 192.
50   Jan van der Meulen, Public Opinion, Mass-Media an the Military. A Programmatic Sketch of Perspektives, in: Vlachová, Marie (Eds.), *The European Military in Transition. Armed Forces in Their Social Context,* Baden-Baden, 1998, S. 154-155.

Demnach sollte der Problematik auch weiterhin viel Aufmerksamkeit geschenkt werden. Ansonsten droht ein Verlust an Glaubwürdigkeit, Authentizität und Legitimität sowie ein Abschmelzen des gesellschaftlichen Rückhalts für die jeweilige militärische Mission. Dieses ist auch gerade unter dem Gesichtspunkt relevant, dass es aufgrund der Sicherheitslage jederzeit zu einem sprunghaften Anstieg der Opferzahlen kommen kann.[51]

Zu den Ländern

Großbritannien
In Großbritannien wird die Entstehung eines Gap, einer Lücke zwischen Militär und Gesellschaft, eindeutig bejaht. Als ursächlich dafür wird hautpsächlich das Ende der Wehrpflicht angesehen und nicht das Ende des Kalten Krieges. Dabei spielt die Wehrpflicht hier eine sehr diffizile Rolle. So wird sie nicht generell als Ursache genannt, sondern sie war verantwortlich dafür, dass Politiker in früheren Jahren selber Wehrdienst zu leisten hatten. Die Verbindung, der Zusammenhalt Militär-Gesellschaft wird dabei bis 1992 u.a. über die eigenen militärischen Erfahrungen der Kabinettsmitglieder, insbesondere der Verteidigungsminister begründet. Durch ihre während des eigenen Wehrdienstes gesammelten Erfahrungen trügen sie zu einem Zusammenhalt von Militär und Gesellschaft bei. Das bestehende Gap wird dann noch u.a. folgenden Punkten angelastet: weniger Präsenz der Streitkräfte in den Straßen und in der Öffentlichkeit sowie eine stärkere Abkappselung/Isolierung von der Gesellschaft, begründet mit erhöhten Sicherheitsrisiken und Sicherheitserfordernissen (so sind z.B. die britischen Kasernen nicht zu besich-

---

51   Vgl. Gerhard Kümmel, „Gestorben wird immer!?" Oder: Postheroismus, ‚Casulty Shyness' und die Deutschen, in: Uwe Hartmann/ Claus von Rosen/ Christian Walther, *Die Rückkehr des Soldatischen*, Berlin 2009, S. 92-108.

tigen). Man geht für Großbritannien davon aus, dass die Verpflichtung von in der Gesellschaft präsentierten Gruppen für die Gruppe der Wehrpflichtigen, die Verbindung des Militärs zur Gesellschaft dennoch erhöhen würde. Wenn dem nicht so ist, wird, so die gängige Meinung, das Gegenteil der Fall sein, das Gap zwischen Militär und Gesellschaft wird größer. Es ist dabei nicht beschrieben, worin dieses Gap besteht. Wie bereits erwähnt, wird in Großbritannien die Nähe von Politikern zum Militär, deren eigenen Erfahrungen und Kenntnisse immer wieder als ausschlaggebend für das Verhältnis Militär-Gesellschaft betont.[52] Was den Body-Bag Faktor anbelangt, so hat man auch in Großbritannien die Erfahrung gemacht, dass die Umfragewerte in der Bevölkerung, sprich deren Zustimmung zu Einsätzen nach dem Einsatz bzw. bereits während dessen sinkt, im Nachgang jedoch sich wieder normalisiert. So wird dem „Body-Bag Faktor" keine elementar wichtige Rolle bei der Bindung Militär-Gesellschaft zugesprochen. Er wird mehr als politisches Argument betitelt, denn als wirklicher Faktor. Das Fallen und Getötet Werden, wird als Bestandteil des professionellen militärischen Dienstes, als eine Art Berufsrisiko betrachtet.[53] Eine weit größere Rolle wird in Großbritannien hingegen den Medien zugeschrieben. Ihre Rolle wird in Bezug auf das Verhältnis von Militär und Gesellschaft als sehr bedeutend beschrieben. Die Medien sollen in unterschiedlicher Ausprägung dazu beitragen, sowohl „in Friedenszeiten" als auch während des Einsatzes britischer Soldaten für den Rückhalt in der Bevölkerung zu sorgen. Dandeker sagt dazu: „In seeking ways of reinforcing the supportive links between pub-

---

52 Vgl. John Reid, The armed forces and society, in: *The RUSI Journal*, 142, 2, 1997, S. 30.
53 Vgl. Hew Strachan, The Civil-military `gap` in Britain, in: *Journal of Strategic Studies*, 26, 2003, S. 51.

lic opinion and the armed forces, the media play a crucial role."⁵⁴ Des Weiteren können und sollen die Medien dazu beitragen, der Abnahme des militärischen Sachverstandes unter den Briten entgegenzuwirken. Dazu sollten sich die Medien einer klaren und verständlichen Sprache bedienen und stärker als bisher vom Militär genutzt werden. Medien können also auch dazu dienen, die „public-relations function" positiv zu beeinflussen. Und abschließend: „As a result, the media could be useful adjunct to military policy in sustaining public support for an operation".⁵⁵

Dänemark

Dänemark hat mit seinem Modell einer „Quasi-Freiwilligen-Wehrpflicht" ein Werkzeug geschaffen, welches eine größtmögliche Flexibiltät und Anpassungsfähigkeit erlaubt. Dabei lehnen die Bevölkerung Dänemarks, insbesondere die Jugend sowie eher links-orientierte Gruppierungen, die Wehrpflicht inzwischen jedoch grundsätzlich ab.⁵⁶ Dabei gestaltet sich das dänische Modell wie folgt: Der Wehrdienst hat seit dem Februar 2005 eine Länge von vier Monaten. Bei der Heranziehung zum viermonatigen Wehrdienst stehen regelmäßig mehr junge Männer zur Verfügung als Bedarf besteht. In der Regel sind dies ca. 30.000 im Verhältnis zu einem Bedarf von 7.000. Somit liegt die Ausschöpfungsquote bei ca. 23 %. Dabei erhält der zukünftige Wehrpflichtige die Möglichkeit, sich entweder freiwillig für den Dienst in den Streitkräften zu entscheiden, welcher dann zusätzliche acht Monate dauert oder im Anschluss an

---

54 Christopher Dandeker, The United Kingdom: The Overstretched Military, in: Charles C Moskos/ John Williams/ Segal Allen/ R. David, *The Postmodern Military*, New York, Oxford, 2000, S. 38.
55 Ebd. S. 38.
56 Vgl. Pertti Joenniemi, *Farewell to conscription, The Case of Denmark*, Copenhagen: Danish Institute for international studies, 2005 (DIIS Working Paper no 2005/10).

seine Musterung ein Los zu ziehen, welches über Einberufung oder Nicht-Einberufung entscheidet. Die Frage der Wehrgerechtigkeit stellt sich damit für Dänemark nicht. Dabei ist der Anteil derjenigen jungen Männer, die sich freiwillig zum Wehrdienst melden, in den letzten Jahren sukzessive gestiegen. Gleichzeitig ist somit der Anteil der per Los Zwangsverpflichteten zurückgegangen. Diejenigen, die sich freiwillig entscheiden, können dabei den Ort und die Zeit des Ableistens selber bestimmen. Der Wehrdienst selber, sprich die vier Monate, gliedert sich in zwei Bereiche. „Einerseits erhalten die jungen Rekruten eine traditionelle Ausbildung in Grundkenntnissen der militärischen Landesverteidigung. Andererseits vermittelt die Grundausbildung Kenntnisse im zivilen Katastrophenschutz und reagiert damit auf die neuen Bedrohungslagen des 21. Jahrhunderts."[57] Zu diesen zählt man dann die Abwehr von terroristischen Bedrohungen, Epidemien und Naturkatastrophen. Diese beiden Bereiche des Wehrdienstes werden ergänzt durch zahlreiche Informationsveranstaltungen zu Beruf und Karriere in den Streitkräften sowie durch Informationen über das Engagement in internationalen Einsätzen und Operationen. Die Grundwehrdienstleistenden werden zudem noch praktisch unterwiesen in Dingen wie der Kontrolle von Massendemonstrationen oder dem Verhalten an Checkpoints. Eine freiwillige Weiterverpflichtung um acht Monate ist am Ende des Grundwehrdienstes möglich. Entscheidet sich der junge Mann nicht dafür, steht er anschließend noch drei Jahre für Einsätze im nationalen Verteidigungs- bzw. Katastrophenfall zur Verfügung. Danach erlischt diese Bereitstellungszeit.

In Dänemark ist trotz der Einberufung von weniger Wehrpflichtigen und der grundsätzlichen Ablehnung der Wehrpflicht sowie der Anstellung

---

[57] Hippler, Daniel, Seitenblicke: Die Wehrpflicht in Dänemark, in: Ahammer, Andreas und Nachtigall, Stephan (Hrsg.), *Wehrflicht – Legitimes Kind der Demokratie*, Berlin, 2010, S. 389.

von weniger zivilen Arbeitnehmern in den Reihen der Armee, ein vermehrt positiver Trend der Wahrnehmung der Streitkräfte in der Bevölkerung zu verzeichnen. Dieser wird hauptsächlich auf die Darstellung der dänischen Streitkräfte in den Medien zurückgeführt. Folgender Mechanismus liegt dem zugrunde: Durch die höhere Professionalisierung der Streitkräfte hat sich die Berichterstattung über vormals „klassische Medienberichte", wie die herabwürdigende Behandlung von Rekruten oder der Zustand von Kasernen, welche überwiegend negativ konnotiert war, in eine positive Berichterstattung entwickelt. Diese focussiert mehr auf das Leben und Wirken der im Auslandseinsatz tätigen dänischen Soldaten. Aber auch über die politischen Zusammenhänge der Auslandseinsätze wird mehr und vor allem positiver berichtet. Ein nicht unerheblicher Weg zum Gewinnen der öffentlichen Meinung war hier, Reportern tiefe Einblicke und Zugang zu den Soldaten zu geben und genau darüber dann zu berichten. Dies machte die Notwendigkeit des Krieges in Afghanistan für die Öffentlichkeit sichtbar. Nichts wirkt mehr, als wenn Soldaten im Einsatz sagen: „Wir haben unseren Job gemacht, und wir haben ihn gut gemacht, aber es war schwer und wir haben unser Leben riskiert."[58] Ein weiterer Weg ist, die Rückendeckung der Medien, insbesondere der großen Meinungsmacher wie Tageszeitungen. Es kristallisiert sich dabei heraus, dass die Betonung von politischen Zielen wie: „Gerechtigkeit in die Gesellschaft zu tragen" oder „die Stärkung der Frauenrechte zu erreichen" eher als unverständlich und wollentlich beeinflussend wahrgenommen werden. Hingegen werden Berichte von Kämpfen, von Vorort-Reportagen, die die Lebensgefährlichkeit des Einsatzes betonen, als realistisch und den öffentlichen Rückhalt stärkend

---

58 Alistair MacDonald, , *Denmark Rallies Public Behind Afghan War*, in: The Wall Strett Journal online, February 23. 2010, <http://online.wsi.com/ article/SB1000142405 274870350380457508430458306468.html?mod=WSJEUROPEhps MIDDLE-Fourth News#printMode> (eingesehen am 24.02.2010).

angesehen.[59] McDonald charakterisiert die Rückendeckung der Medien und der Politik wie folgt: "The key to sustaining public support is an elite consensus that includes politicians in government and opposition as well as key opinion leaders: influential intellectuals, academics and columnists".[60]

Frankreich

Am 22. Februar 1996 kündigte der damalige französische Staatspräsident Chirac in einer Fernsehansprache an die Nation den Übergang zur Wehrpflicht in Frankreich an. Er machte deutlich, dass er als Oberbefehlshaber der französischen Streitkräfte das Instrument Wehrpflicht für ungeeignet halte, eine hohe Anzahl von Kräften (ca. 50.000-60.000 Mann) außerhalb der Landesgrenzen in internationalen Einsätzen zu verwenden. Sein Ziel war eine wirksame, moderne und zugleich weniger kostenaufwendige Armee.[61] Entsprechend der für viele wohl überraschenden Ankündigung des Staatspräsidenten, wurde dann im Gesetz zur Streitkräfteplanung 1997-2002 festgelegt, die allgemeine Wehrpflicht für männliche Jugendliche ab dem Geburtsjahr 1979 auszusetzen. Für die Umstellung auf die Freiwilligenarmee wurde ein Zeitraum von sechs Jahren eingeplant. Dieser verkürzte sich jedoch dann noch etwas, so das bereits Ende 2001 die letzten Wehrpflichtigen aus den Streitkräften entlassen wurden. Besonders in der Gruppe der Jugendlichen von 15-24 Jahren hat diese Aussetzung der Wehrpflicht zu einem Imagegewinn der Streitkräfte geführt. Von vielen wurde der Wehrdienst in Frankreich un-

---

59 Vgl. Ebd., o.S .
60 Ebd., o.S.
61 Vgl. Fernsehansprache des Staatspräsidenten Jacques Chirac vom 22.02.1996, zit. nach Florence Gauzy Krieger/Berthold Meyer, *Wege und Umwege zur Professionalisierung. Ein Vergleich der Militärreformen in Frankreich und Deutschland.* Frankfurt a.M.: Hessische Stiftung für Friedens- und Konfliktforschung, 2003, S. 4f.

geachtet seiner historischen Tradition als Zwang und Beeinträchtigung der Berufstätigkeit bzw. der Berufsausbildung gesehen.[62] Dabei muss konstatiert werden, dass, obwohl die Wehrpflicht in der Tradition der levée en masse stehend, bis zuletzt völlig unumstritten war, ihre Abschaffung keine negativen Einflüsse auf das Verhältnis Militär-Gesellschaft hatte. Der Hauptgrund mag darin liegen, dass vor dem Hintergrund der Geschichte die französische Armee ein sehr viel stärkeres Selbstverständnis als Interventionsarmee besitzt. Und genau diesen Punkt, galt es durch die Aussetzung der Wehrpflicht zu betonen resp. zu stärken.

USA

In den USA gibt es seit 1973 keine Wehrpflicht mehr. Die Streitkräfte bestehen seit dem ausschließlich aus Freiwilligen mit Zeitverträgen bzw. aus Berufssoldaten. Im Allgemeinen wurde nach der Abschaffung der Wehrpflicht eine zunehmende Entfremdung des Militärs von der Gesellschaft beschrieben. Diese drückte sich insbesondere dadurch aus, dass zu Zeiten des Kalten Krieges als auch in den 90-er Jahren das Militär eine Art eigene Kultur entwickelte, die im Gegensatz zur gesellschaftlichen Entwicklung stand. Ganz grob könnte die gesellschaftliche Entwicklung als stärker fragmentiert, zunehmender individualisiert und vermehrt disziplinloser beschrieben werden - die militärische hingegen ganz im Gegensatz dazu. Gleichzeitig ist so etwas wie die Herausbildung einer eigenen militärischen Elite beschrieben, die insbesondere traditionelle moralische Werte der amerikanischen Gesellschaft betont. Darüberhinaus hat das Interesse der Amerikaner am Militär in der Phase nach Abschaffung der Wehrpflicht im Allgemeinen nachgelassen. Dieses ist auch

---

62 Vgl. Ines-Jacqueline Werkner, *Wehrpflicht oder Freiwilligenarmee? Wehrstrukturentscheidungen im europäischen Vergleich,* Frankfurt/M. 2006, S. 146.

während und nach den Golfkriegen nicht mehr auf das Level angewachsen, wie noch zu Zeiten der Wehrpflicht. Die Amerikaner lehnen so in der überwiegenden Mehrheit (ca. zwei Drittel) auch die Wiedereinführung einer Wehrpflicht ab. Abgekoppelt von diesem Desinteresse und der ablehnenden Haltung gegenüber dem Wehrdienst, ist jedoch die Zustimmung und der zuvor bereits erwähnte Stolz der Amerikaner auf ihre Soldaten. Was die Rolle der Medien angeht, so könnte man an kaum einem anderen Land als den USA besser beobachten, welch hohen Stellenwert diese in der Vermittlung militärischer Erfahrungswerte und militärischer Wirklichkeit inzwischen haben. Dabei unterliegen die amerikanischen Streitkräfte einer kritischen medialen Begleitung. Gleichzeitig wissen sie dennoch gezielt, durch das Pentagon gesteuert, ein bestimmtes Bild militärischer Macht und Gewaltanwendung zu transportieren. So dienten die Medien den US-Streitkräften oft, um ihr Vorgehen zu relativieren, als verhältnismäßig darzustellen bzw. dessen chirurgisch durchdachtes Vorgehen zu verdeutlichen.

Niederlande

Wie in vielen anderen Ländern der EU und der Nato auch, so war die veränderte sicherheitspolitische Situation ab Beginn der 90-er Jahre der Auslöser des Transformationsprozesses der niederländischen Streitkräfte, zu welchem ab 1995 auch die Abschaffung der Wehrpflicht gehörte. So haben die Niederlande seit 1990 ihre Streitkräfte fast halbiert: von 104.000 Soldaten und einer Wehrpflichtrate von 45% im Jahr 1990 bis zu einer Größe von heute ca. 50.500 Soldaten und das ohne Wehrpflichtige. Dabei ist die Einführung einer reinen Freiwilligenarmee in den Niederlanden u.a. auch das indirekte Ergebnis einer Kommission zur Streitkräftestruktur. Dies war die vom damaligen Verteidigungsminister eingesetzte Kommission „Meijer". Der Druck nach einer Professionalisierung der niederländischen Streitkräfte entstand dabei aus zweierlei. Einerseits wurde politisch eine stärkere Einsatzorientierung gefordert und andererseits waren finanzielle Gründe ausschlaggebend. Ursprünglich sah die Kommission „Meijer" im Ergebnis auch vor, aufgrund sich andeutender Nachwuchsprobleme den Wehrdienst als Rekrutierungsbasis beizubehalten. Ungeachtet dieser Empfehlungen wurde die Wehrpflicht dann dennoch Mitte 1996 mit der Einberufung der letzten Freiwilligen beendet. Dabei bleibt festzustellen, dass die Wehrpflicht selber nicht besonders tief im Bewusstsein der niederländischen Gesellschaft verankert war.[63] So war es z.B. bis dato relativ unkompliziert, den Wehrdienst zu verweigern. Dies führte u.a. dazu, dass zu Beginn der 90-er Jahre nur noch etwas mehr als ein Drittel der Wehrpflichtigen einberufen wurde und es so zu einem drastischen Absinken der Wehrgerechtigkeit kam. Aber auch die als relativ unstrittig und von der niederländischen Gesellschaft wenig kommentierte und diskutierte Entscheidung zum Übergang in eine Freiwilligenarmee, mag als Indiz für die nicht besonders ausgeprägte Verankerung in der niederländischen Gesellschaft dienen. Hinzu kommt, dass die Möglichkeit zum Wehrdienst zwar in der Verfassung der Niederlande festgelegt war, jedoch ein Rekurs auf demokratische Grundwerte in Bezug auf die Stellung und Funktionsfähigkeit der Streitkräfte explizit nicht genommen wurde.[64]

Zusammenfassung Faktor 4

Die Faktoren Wehrpflicht und Medien sowie der Bodyback-Faktor sind in ihrem Zusammenspiel und ihrer Wirkung schwer voneinander zu trennen. In den Ländern, die bereits in den 60-er bis 70-er Jahren die Wehrpflicht abgeschafft haben, sprich Großbritannien und den USA, ist

---

63 Vgl. Han van der Horst, Das niederländische Selbstbild, in: Gebhard Mollenhauer/Jan Vis (Hg.), *Die Niederlande und Deutschland. Einander kennen und verstehen*, Münster 2001, S. 295-305.

64 Vgl. Leonard F.M. Besselink, Military Law in the Netherlands, in: Georg Nolte (Hg.), *European Military Law Systems*, Berlin 2003, S. 553.

ein Einfluss sprich eine Änderung des zivil-militärischen Verhältnisses beschrieben. Diese ist der Gestalt, dass erstens das Interesse der Bevölkerung an militärischen Fragen nach der Wehrpflichtabschaffung nachgelassen hat und zweitens eine Art Elitenbildung unter den Militärs zu verzeichnen war. Im Rest der analysierten Nationen ist dieses nicht erkennbar. Stattdessen wird erkennbar, dass die Medien eine immer stärkere Rolle im zivil-militärischen Verhältnis einnehmen. Sie substituieren quasi die Primär-Erfahrungen ganzer Bevölkerungsteile und erreichen zudem durch ihre Berichterstattung weite Teile der Bevölkerung. Darüber hinaus hat die vergleichende Betrachtung des sogenannten Body-Bag Faktors ergeben, dass länderübergreifend der Tod und die Verwundung von eigenen Soldaten nur marginalen Einfluss auf die Bereitschaft der jeweiligen Bevölkerung haben, sich an internationalen Kampfeinsätzen mit eigenen Soldaten zu beteiligen. Es besteht teilweise sogar förmliches Desinteresse an diesem Thema.

4. Die Ergebnisse des Ländervergleichs und deren Analyse, Einordnung und Interpretation

Nach dem Abschluss des Ländervergleichs komme ich zur Analyse, Einordnung und Interpretation der Ergebnisse.

Ergebnis 1:
Kongruenz und Inkongruenz zwischen Einstellungen, politischen Zielen und Aufgabenzuschreibungen als wesentliches Ergebnis
Es offenbart sich hier eine vielschichtige Gemengelage zwischen Kongruenz und Inkonkruenz innerhalb zwischen den Einstellungen der Bevölkerung zu den eigenen Streitkräften, den sicherheitspolitischen Zielen auch dem den von der Bevölkerung zugewiesenen Aufgaben der Streitkräfte und denen seitens der Politik real zugewiesenen Aufgaben, Aufträgen und Zielen. Das heißt, nicht in allen untersuchten Ländern, tun die Streitkräfte auch genau das, was Ihnen die Bevölkerung als Auftrag oder Aufgabe zuschreibt bzw. Streitkräften wurden seitens der Politik andere Ziele zugeschrieben, als die Bevölkerung Ihnen geben würde.

Im Einzelnen: Es haben alle untersuchten Länder ihre Streitkräfte sehr auf internationale Einsätze zur Friedenssicherung, -schaffung und Konfliktprävention ausgerichtet. Die mit den Einsätzen verbundenen Risiken und finanziellen Forderungen sind den jeweiligen Bevölkerungen durchaus bewusst und bekannt. Dennoch ist erkennbar, dass die strategischen Kulturen der einzelnen Länder sehr stark die Wahrnehmung der eigenen Streitkräfte beeinflussen. So ist im Fall der Niederlande, einem eher seit 1990 einsatzfreudigen Nato-Partner, eine größere Ambivalenz zu dem des von Bevölkerung einerseits den Streitkräften zugewiesenen Aufgabenspektrums „humanitäre Hilfe" und der politisch gewollten stringenten Einsatzorientierung erkennbar. Klassische traditionelle Einsatzarmeen, wie die der Vereinigten Staaten oder Großbritanniens, sehen sich hingegen eher nicht mit dieser Ambivalenz in der Bevölkerung konfrontiert. Bei ihnen gibt es zwar ein nachlassendes Interesse an Streitkräften im Allgemeinen, jedoch kann eine Abweichung zwischen denen von der Bevölkerung gewünschten Aufgabenwahrnehmungen des Militärs und denen von der Politik tatsächlich in die Auftragsbücher geschriebenen Aufträgen nicht festgestellt werden.

Unterscheidung von Vertrauen in die Streitkräfte im Allgemeinen und Vertrauen in deren Aufgabenerfüllung

	Nach wie vor allgemein großes Vertrauen in die Streitkräfte und Befürwortung ihrer Existenz	Nachlassendes Interesse an den Streitkräften („professionelle Distanz")	Ambivalenz zwischen Aufgabenzuschreibung und Auftragserfüllung
USA	Ja	Ja	Nein
GB	Ja	Ja	Nein
Frankreich	Ja	Ja	Nein
Niederlande	Ja	Nein	Ja
Dänemark	ja	ja	Eher weniger

Quelle: eigene Darstellung des Autoren

Eines jedoch ist allen Ländern gemeinsam: Trotz der Milliarden verschlingenden Verteidigungshaushalte, trotz Toten, Verwundeten und abgeschaffter oder angepasster Wehrpflicht: die Bevölkerungen stehen hinter ihren Soldaten und den Streitkräften im Allgemeinen und befürworten generell ihren Einsatz und ihre Existenz.

So ist in den Bevölkerungen der jeweils untersuchten Länder „angekommen", dass es eine sicherheitspolitische Neuausrichtung und mir ihr verbunden einen Wechsel im Aufgabenspektrum der Streitkräfte gegeben hat, jedoch wird dieser vergleichsweise wenig verstanden. So lange die Bevölkerung nicht eine direkte Betroffenheit zu der Neuausrichtung der Sicherheitspolitik und der Streitkräfte herstellen kann, ist eine relativ große Gelassenheit im Umgang mit diesen Themen auszumachen. Diese direkte Betroffenheit scheint es zu sein, die das Interesse am Einsatz von Streitkräften u.a. reguliert.

Emotionaler Zusammenhang des Einsatzes von Streitkräften und der eigenen Betroffenheit

Troops deployed $\Longleftrightarrow$ national and personal welfare

---

Quelle: eigene Darstellung des Autoren

Ergebnis 2:
Die Irrelevanz der Wehrpflicht und die Relevanz der Medien
Nach der Aussetzung bzw. Abschaffung der Wehrpflicht in den untersuchten Ländern wird deutlich, dass das Verschwinden der Wehrpflichtigen aus dem Bild des Alltags sowie den persönlichen Erfahrungsschätzen von immer mehr Mitgliedern der Gesellschaften dazu beigetragen hat, das Gap zwischen Militär und Gesellschaft zu vergrößern. Dabei bedarf dieses „Gap" jedoch einer genaueren Abgrenzung. Dieses Gap ist nicht monokausal einem etwaigen Bindeglied Wehrpflicht alleine zuzu-

schreiben. Vielmehr sind nicht nur in den untersuchten fünf Ländern, sondern in fast allen westeuropäischen und nordamerikanischen Staaten ähnlich verlaufende Entwicklungstendenzen zu beobachten, die dieses Gap befördern. Diese Tendenzen werden verstärkt durch die medial vermittelte neue militärische Wirklichkeit, die als Substitut in Ermangelung eigener praktischer Erfahrungen dient. Dabei gilt es zu beachten, dass die Phase der Begründbarkeit einer Wehrpflichtexistenz mittels ihrer Funktion in einer Landesverteidigungsarmee vorüber ist. Wollte man Existenz und Auftrag von Wehrpflichtigen in den gegenwärtigen Armeen als Treiber für die Verbindung des Militärs zur Gesellschaft nutzen, so müsste eine solche Wehrpflicht die Realität der Streitkräfte abbilden, ihre neue Aggressivität, das Kämpfen, das Fallen-Können, das Töten und Getötetwerden. Diese Art des Einsatzes von Streitkräften findet jedoch wie aufgezeigt nur teilweise Zustimmung in den jeweiligen Bevölkerungen. Daher sollten auch Wehrpflicht-Konzepte, die ihre Legitimation außerhalb des regulären Streitkräfteauftrages finden, entwickelt werden. Derartige Wehrpflicht-Konzepte, könnten z.B. solche sein, die die Hilfe bei Krisen-, Naturkatastrophen und Unglücksfällen, als sehr wahrscheinliche Szenarien, verteidigungspolitisch stärker akzentuieren.[65] Solche Konzepte kämen auch denen von der Bevölkerung eher befürworteten Aufgabenzuschreibungen von Streitkräften (zumindestens für Deutschland) entgegen und könnten so zu einem dauerhaften Verstärker des Rückhalts in der Bevölkerung werden.

Für die fehlende Primärerfahrung ganzer Bevölkerungsteile durch das Fehlen der Ableistung des Wehrdienstes, tritt eine „Ersatzerfahrung", nämlich die medial vermittelte Wirklichkeit des Militärischen. Diese medial vermittelte Wirklichkeit führt auch zu einer Reduzierung der Distanz militärischen Handelns und des gesellschaftlichen Umfeldes. Die

---

65   Vgl. Hippler, *Die Wehrpflicht in Dänemark* [wie FN 57], S. 394.

Bevölkerung wird mittels moderner Kommunikationstechnik direkt vom Ort des Geschehens informiert. Es ist kaum mehr möglich, den militärischen Gepflogenheiten üblich, viele Vorgänge und Operationen lange vor der Öffentlichkeit „geheim zu halten". Egal ob Todesopfer, Misshandlungen oder Geldverschwendungen, die Öffentlichkeit wird stets aus erster Hand über die Situation des Militärs informiert gehalten. Daher kann man davon sprechen, dass die Medien den ihnen zukommenden Kontrollauftrag nun auch inzwischen auf das Militär ausgedehnt haben. Die fehlenden Primärerfahrungen von Wehrpflichtigen, die am Wochenende daheim am Essenstisch von Ihren Erlebnissen und Erfahrungen bei den Streitkräften berichten, nehmen somit in dem Maße ab, wie die Kontrollfunktion des Militärs durch die Medien zunimmt. Oft wird in diesem Zusammenhang und dies ist hier ganz entscheidend, fälschlicherweise angenommen, dass aufgrund des nachlassenden direkten Kontaktes zur Armee, der Verkleinerung der Streitkräfte und der Aussetzung der Wehrpflicht, der Rückhalt in der Bevölkerung schwindet. Dieses wird dann oft als zunehmendes „Gap" fehlinterpretiert. Eher das Gegenteil ist der Fall. Es eröffnet sich durch die Form der medialen Berichterstattung und Kontrolle der Zugang zu Bevölkerungsgruppen, die bisher gar nicht oder nur marginal mit den Streitkräften in Kontakt gekommen sind. Man könnte fast von einem „Reserveheer von Sympathisanten in der Bevölkerung" sprechen.[66] In gleichem Atemzuge muss erwähnt werden, dass keine empirischen Belege dafür gefunden wurden, dass nach Aussetzung oder Abschaffung der Wehrpflicht die demokratische Kontrolle von Streitkräften gelitten hat bzw. abhanden gekommen ist. Der oftmals der Wehrpflicht unterstellte Link zur demokratischen Kontrolle von Streitkräften bzw. die „Klammer zur Gesellschaft"

---

66 Vgl. Riddell, Peter, *Armed Forces, Media and the Public*, in: The RUSI Journal, 153, 2008, S. 15.

zu sein, scheint nach Auswertung der empirischen Befunde eher ein „Mythos" zu sein.[67]

Zunahme der Kontrolle von Streitkräften durch die Medien unter gleichzeitiger Abnahme der „Kontrolle" durch die Wehrpflicht

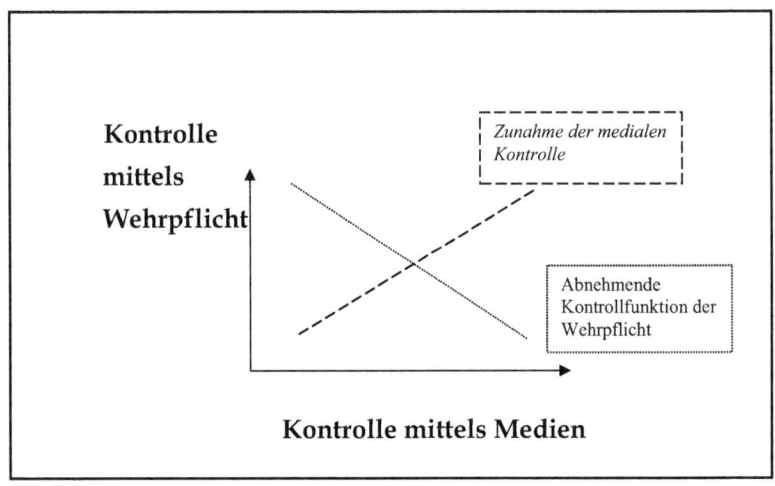

Quelle: eigene Darstellung des Autoren

Ergebnis 3:
Die Bedeutung für die Soldatinnen und Soldaten

Für deren Motivation
Die Haltungen der Soldaten zu ihrer Mission sind aus verschiedenen Gründen von Belang: Erstens sind die Soldaten als letztendliche Träger und Exekutoren des politisch gegebenen Auftrages dafür prädestiniert,

---

[67] Vgl. Stephan Pfaffenzeller, Conscription and Democracy: The Mythology of Civil Military Relations, in: *Armed Forces and Society*, 36, 2010, S. 490.

die Einsatzwirklichkeit widerzuspiegeln. Sie sind es, die die politisch zugewiesenen Aufträge ausführen oder eventuell eben nicht ausführen und damit über deren Erfolg oder Misserfolg entscheiden. Zweitens ist aus der Forschung bekannt, dass die Unterstützung für eine Mission und deren Erfolgsaussichten motivationsfördernd für die eingesetzten Soldaten sind. Und drittens fungieren Soldaten immer als Multiplikatoren gegenüber Journalisten, Bekannten, Familien und anderen Soldaten. Deshalb kann es der Politik und dem Militär nicht gleichgültig sein, was Soldaten über ihren Einsatz und den Rückhalt in der Bevölkerung denken und wie dieser sich tatsächlich auf deren Motivation auswirkt.

Die Soldaten im Einsatz nehmen durchaus wahr, welche Form von Rückhalt, sowohl seitens der Politik als auch der Bevölkerung für ihren Einsatz aus dem Heimatland gegeben ist. Dabei äußern sie auch ihr Unverständnis darüber, wenn der Rückhalt für einen Einsatz abnimmt. Diese Wahrnehmung scheint jedoch keine unmittelbare Auswirkung auf die Motivation der Soldaten und damit deren Leistungen vor Ort zu haben - genauer gesagt darauf, dass sich die Soldatinnen und Soldaten unabhängig von der „Heimatfront" in hohem Maße mit ihrem Einsatz und deren Zielen identifizieren. Dabei ist in der Gruppe der Soldaten im Einsatz eine Art antiideologischer Reflex zu beobachten, so wie er bereits in vorherigen Einsätzen von Streitkräften identifiziert wurde.[68] Dabei handelt es sich um den Reflex zwischen latenter Ideologie und antiideologischen Reflexen. Den Soldaten ist somit bewusst, wofür sie kämpfen und schätzen dies als sehr hoch ein. Andererseits haben sie dann eine distanzierte bis ablehnende Haltung gegenüber der medialen Berichterstattung, der gesellschaftlichen Resonanz bzw. den politischen Entscheidungsträgern. Sie versuchen dadurch, sich als entscheidende Hand-

---

68 Vgl. Charles C Moskos, Eigeninteresse, Primärgruppen und Ideologie, in: René König (Hg.), *Beiträge zur Militärsoziologie*, Kölner Zeitschrift für Soziologie und Sozialpsychologie, Sonderheft 12, Köln/Opladen, S.201-220.

lungsträger abzugrenzen. Als diejenigen, auf die es tatsächlich ankommt, diejenigen, die die vor Ort wichtigen Leistungen erbringen, um die Mission zum Erfolg zu führen. Diesem wohnt auch eine gewisse „Anti-Eliten-Haltung" inne. Damit etablieren die Soldaten eine Grenze, zwischen sich im Einsatzland, und „denen da zu Hause". Als Indiz kann z.B. das Beklagen und die Skepsis über die Besuche von hohen Militärs oder Politikern im Einsatzland gesehen werden. Dabei hat das Beklagen über eine eventuelle mangelnde mediale, gesellschaftliche und politische Resonanz durchaus integrativen Charakter. Es wird gruppenbildend, sprich kohäsionsfördernd.[69]

Für deren Selbstverständnis und Rollenbild
Die Anforderungen an den Soldaten der Gegenwart, so wie er in den Armeen der untersuchten fünf Länder dient, sind offentlich in den vergangenen Jahren sehr viel komplexer geworden. Es wird deutlich, dass so wie z.B. aus den Niederlanden berichtet wird, die Anforderungen zu einer gewissen Schizophrenie des Soldaten führen. Das bedeutet: einerseits bleiben seine „traditionellen Qualifikationen", die er im Rahmen der Landes- bzw. Heimatverteidigung erlernt hat bzw. erlernen soll, von Relevanz. Gleichzeitig soll er jedoch auch denen innerhalb von internationalen Einsätzen zur Konfliktverhütung und Krisenbewältigung benötigten Anforderungen, die mehr auf Empathie und Verhandlungsgeschick abheben, gerecht werden. Das Zitat von Johansson illustriert dies sehr gut: „The perfect soldier in a peacekeeping mission should not be a 'Rambo' but at the same time should be tough, patient, and tolerant and at the same time have staying power and endurance; he should be able

---

[69] Vgl. Heiko Biehl/Jörg Keller, Hohe Identifikation und nüchterner Blick. Die Sicht der Bundeswehrsoldaten auf ihre Einsätze, in: Heiko Biehl/ Sabine Jaberg/ Günter Mohrmann/ Maren Tomforde (Hg.), *Auslandseinsätze der Bundeswehr, Sozialwissenschaftliche Analysen, Diagnosen und Perspektiven*, Berlin 2009, S. 121-141.

to listen and show feelings and at the same time be able to resist frustration; be diplomatic and impartial."[70] Somit werden also dem Bild und den Rollenanforderungen des Soldaten gegenwärtig Eigenschaften zugeschrieben, die ihn weg führen von dem klassischen Rollenbild des emotionslosen, unkommunikativen und unreflektierten Kämpfers. Dieses hat noch in der Phase der Orientierungslosigkeit vieler Streitkräfte, d.h. zwischen dem Ende des Kalten Krieges und dem intensiven Beginn internationaler Einsätze zur Krisenprävention und Konfliktverhütung, zu einem größer werdenden eigenen Gap zwischen dem beruflichen Selbstverständnis vieler Soldaten und der sich ändernden Gesellschaft geführt. Dies ist z.B. vom US-Amerikaner Thomas E. Ricks 1997 anhand seiner Zustandsbeschreibung des Verhältnisses Militär – Gesellschaft in den USA eindrucksvoll beschrieben worden. Hierin wird das sehr spezielle Elite-Denken vieler hochrangiger Militärs, verbunden mit einer Ablehnung des Zivilen, besonders der zivilen Normen und des zivilen „way of life" sehr deutlich.[71] Das Selbstverständnis des Soldaten führt demnach im Jahr 2010 mehr in Richtung des Zivilen. Deshalb wird auch u.a. von namhaften Autoren wie Naumann oder Ricks empfohlen, militärische Elitenausbildung nicht mehr nur allein militärischen Bildungsformen wie Militärakademien zu überlassen, sondern zukünftige hochrangige Militärs verstärkt an zivilen Hochschulen auszubilden.[72]

---

70   Eva Johansson, *"In a blue beret, four Swedish UN battalions in Bosnia,"* in: Paper for the Ergomas Conference, Zürich, 1996, S. 49, zit. in René Moelker, Restructuring and Resilience: Cadets`opinions on their future profession in a perpetually changing organization: The Dutch Case, in: Franz Kernic/ Paul Klein/ Karl Haltiner (Eds.), *The European Armed Forces in Transition,* Frankfurt am Main 2005, S. 45-64.
71   Vgl. Thomas E. Ricks, The widening Gap between the Military and Society, in: *Atlantic Monthly,* 280, 1, 1996, S. 66-78.
72   Vgl. Klaus Naumann, Einsatz ohne Ziel? Die Politikbedürftigkeit des Militärischen, Hamburg, 2008.

5. Schlussfolgerungen: Die Entwicklung von generalisierten Trends im Verhältnis Militär - Gesellschaft

Der internationale Vergleich und die anschließende Ergebnisdarstellung fördern zu Tage, dass in den untersuchten Ländern zu einer Veränderung des Verhältnisses Militär-Gesellschaft gekommen ist. Diese Veränderungen lassen sich in übergreifenden, generalisierten Entwicklungstrends kanalisieren. Diese sind bereits im wissenschaftlichen Diskurs an verschiedener Stelle erörtert und untersucht worden[73] und werden auch durch diese Studie bestätigt:

- Vergrößerung des Gaps zwischen Militär und Gesellschaft;
- Professionalisierung von Streitkräften;
- Zivilisierung von Streitkräften;
  sowie
- Abkehr von der Wehrpflicht

Diese Trends tragen in sehr entscheidendem Maße zu einer veränderten Wahrnehmung von Streitkräften in zivilen Gesellschaften bei. Dabei wirken die Trends gleichzeitig als Treiber auf das zivil-militärische Verhältnis. Wollte man diese kategorisieren, so könnte man den Treibern: Abkehr von der Wehrpflicht sowie dem Gap Militär-Gesellschaft erodierende Eigenschaften für das Verhältnis Militär-Gesellschaft zu sprechen. Die Treiber Professionalisierung und Zivilisierung haben eher eine stützende oder auch grundsätzlich stabilisierende Funktion, da sie dem Mi-

---

73 Vgl. Karl W. Haltiner/Paul Klein, THE EUROPEAN POST-COLD WAR MILITARY REFORMS AND THEIR IMPACT ON CIVIL-MILITARY RELATIONS, in: Franz Kernic/ Paul Klein, Karl Haltiner (Eds.), *The European Armed Forces in Transition*, Frankfurt am Main 2005, S. 14ff.

litär innerhalb der Gesellschaften eine starke langfristige Verankerung ermöglichen. Dies soll im Folgenden kurz beschrieben werden.

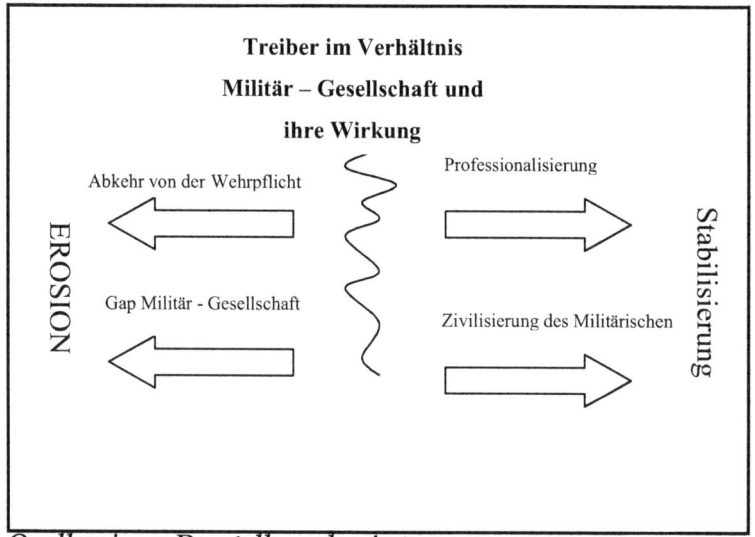

Quelle: eigene Darstellung des Autoren

Trend 1: Das „Gap" Militär – Gesellschaft
Wenn von einem Gap zwischen Militär und Gesellschaft die Rede ist, so ist es nicht ein Gap zwischen Militär und Gesellschaft im eigentlichen und klassischen Sinne, sondern vielmehr ein Gap zwischen einer „professionellen Gelassenheit" der Bevölkerung gegenüber ihren Streitkräften, die manche auch als Ignoranz oder Desinteresse bezeichnen und einer weiterhin starken Zustimmung zum Militär im Allgemeinen. Dieser Trend hat sich länderübergreifend abgezeichnet. So sind die die Zustimmungsraten der Öffentlichkeit in allen untersuchten Ländern zum Militär und zur generellen Existenz von Streitkräften hoch. Demgegenüber ist so etwas wie der Prozess der „Isolation des Militärischen" innerhalb der Gesellschaften erkennbar. Es herrscht sozusagen eine Einstellung des „Yes, but without me" vor. Die Zeiten der Partizipation der

Gesellschaft an militärischen Handlungsvollzügen findet durch die länderübergreifende Aussetzung der Wehrpflicht nicht mehr statt. An ihre Stelle ist die oben beschriebene medial vermittelte Anteilnahme an Militärischem getreten. Darüberhinaus manifestiert sich das zunehmende „Gap" Militär-Gesellschaft in dem Einsatz der Streitkräfte außerhalb des eigenen Territoriums: Durch das Verschwinden der Streitkräfte aus dem Tagesbild kommt es zu einer Art „sozialen Distanz" der Gesellschaft zum Militär. So wird z.B. in Großbritannien das Vermissen einer öffentlichen Diskussion zum Einsatz des Militärs beklagt: Was wird gebraucht, wo will man hin, welche Implikationen hat der „Kriegseinsatz" fernab der Heimat, wenn zu Hause tiefster Frieden herrscht?

Durch die Tatsache, dass Einstellungen der Bevölkerung in sicherheitspolitischen Fragen sich nur sehr langsam ändern, ist somit der allgemeine Rückhalt, das Vertrauen in die Streitkräfte allgemein „noch" hoch. Das jedoch, was Streitkräfte konkret tun, ihre politisch beauftragte Berufsausübung, ist nicht mehr im Fokus und Interesse der breiten Öffentlichkeiten. Diese Entwicklung hängt unmittelbar mit der der Professionalisierung der Streitkräfte zusammen. Dabei ist entscheidend, dass dieser Trend nicht immer einer automatischen negativen Konnotation unterliegen sollte. Dennoch sind Zusammenhänge, wie der, dass die Streitkräfte eines Landes das Spiegelbild der erwachsenen Bevölkerung des selbigen sein sollten, unter diesen Vorzeichen nicht länger haltbar. In Großbritannien und den Vereinigten Staaten, ist man von dieser Vorstellung bereits lange abgerückt und hat mehr das Image eines „normalen" Arbeitgebers eingenommen, der das Personal hat, was er bekommt, welches sich für den Soldatenberuf interessiert und dieses muss nicht immer unbedingt alle gesellschaftlichen Schichten widerspiegeln.[74] Im

---

74 Vgl. Strachan, Hew, *The Civil-military `gap` in Britain*, in: Journal of Strategic Studies, 26, 2003, S. 44ff.

Allgemeinen herrscht eine indifferente Haltung vor, ob das vorhandene Gap der Abschaffung der Wehrpflicht „angelastet" werden kann. So ist man sich in Großbritannien und den USA im Prinzip einig, dass die Abschaffung der Wehrpflicht einen wesentlichen Impact auf das Verhältnis Militär – Gesellschaft hatte. Worin dieser Impact jedoch genau bestand und immer noch besteht, ist nicht umfassend untersucht worden.

Trend 2: Professionalisierung des Soldatenberufs
Der Begriff der Professionalisierung ist ein aus der Berufssoziologie bekannter Begriff, der im Grunde genommen beschreibt, dass bestimmte Berufe bzw. Berufsgruppen von der Gesellschaft legitimierte und lizensierte Dienstleistungen erbringen. Dabei werden Professionen von Berufsverbänden und der Qualität ihrer eigenen Dienstleistung kontrolliert. Klassische Professionen, die quasi an der Spitze der Professionen stehen und eine jahre bzw. jahrzehntelange Professionalisierung durchlaufen haben, sind z.B. der Jurist oder auch der Arzt. Menschen verbinden mit diesen Professionen einen gewissen Status und können nachvollziehen, wofür die Profession da ist und welchen Wert sie somit hat. Wendet man den Begriff auf das Militär bzw. den Soldatenberuf an, so wird Professionalisierung oftmals mit der Abschaffung der Wehrpflicht und somit der Schaffung einer „Armee von Profis" gleichgesetzt. Hinzu kommt, dass die neuen und für Soldaten oft noch ungewohnten Tätigkeiten eines „soldier-statesman" oder auch „soldier-scholar" unter dem Begriff der Professionalisierung des Militärischen subsummiert werden. Gemeint ist damit eine neue Qualität an das Anforderungsprofil von Soldaten – weg vom reinen Kämpfer – hin zum Diplomaten in Uniform, mit allen dazu notwendigen Fähigkeiten und Anforderungen.[75]

---

75 Vgl. Dandeker, Christopher, The United Kingdom: The Overstretched Military, in: Moskos, Charles C./Williams, John Allen/Segal, David R., *The Postmodern Military*, New York, Oxford, 2000, S. 37ff.

Professionalisierung ist in diesem Zusammenhang jedoch weit mehr. Sie bezieht sich sowohl auf die vorgenannten Kategorien, als auch insbesondere auf die Akzeptanz des Berufes in der Gesellschaft. Damit verbunden ist eine fast normale Egalisierung der Einstellung der Bevölkerung gegenüber der Profession, eben so, wie es bei allen anderen „Profis" auch der Fall ist. Niemand in der Bevölkerung würde sich Gedanken darüber machen, ob und wie lange Ärzte ausgebildet werden; wo Feuerwehrleute eingesetzt werden oder ob Polizisten grüne oder silberne Autos fahren. Eine Egalisierung dieser Einstellung auch gegenüber den Streitkräften hat somit nichts mit Gleichgültigkeit oder Ablehnung zu tun, sondern ist eine Entwicklung auf dem Kontinuum von einem „normalen Beruf" zu einer Profession.[76]

Das Aussetzen oder Abschaffen der Wehrpflicht, verbunden mit einer vorhergehenden massiven Reduzierung der Wehrdienstdauer sowie der Wehrpflichtigenzahlen, trägt in dieser Art und Weise somit nicht mehr wie zuvor zur Bildung ganzer nationaler Identitäten bei. Der Beruf des Soldaten wird somit zu einem Beruf neben vielen. Er rutscht quasi im Sinne der Professionalisierung von der vormals bedeutungsschweren Ebene des „geborenen Verteidigers eines Staates" auf die Ebene eines von der Gesellschaft lizensierten und mandatierten Professionellen, der öffentlich beauftragte und benötigte professionelle Dienstleistungen ausführt. Damit verbunden ist relativ schnell der Begriff des Söldners – eines vom Staat beauftragten und bezahlten Kämpfers.

Das Militär selber wird inzwischen als eine neben vielen staatlichen Institutionen gesehen, die nach Gesichtspunkten der Effektivität und Effi-

---

76 Vgl. Fritz Schütze, Sozialarbeit als „bescheidene Profession", in: Bernd Dewe/Wilfried Ferchhoff/ Frank-Olaf Radtke (Hg.), *Erziehen als Profession. Zur Logik professionellen Handelns in pädagogischen Feldern*, Opladen 1992, S. 132-170.

zienz ihren zugewiesenen Auftrag zu erfüllen haben. Dabei ist ein zentraler Punkt der neuen militärischen Professionalität, durchaus eine Zuwendung zum Zivililen. Man spricht in diesem Zusammenhang auch von der Zivilisierung des Militärs.[77]

Trend 3: Zivilisierung des Militärs
Im Zuge der Transformation der Streitkräfte von Massenarmeen und ausufernden Verteidigungsorganisationen hin zu multi-funktionalen Institutionen, die hoch spezialisiert und technisiert sind, tritt der Trend der zunehmenden Zivilisierung des Militärs als ein wesentlicher Treiber des Verhältnisses Militär-Gesellschaft auf. Dieser manifestiert sich in zwei unterschiedlichen Strängen. Der erste ist der der zunehmend an zivilen Maßstäben ausgerichteten Funktionalität der Streitkräfte. Hier spielen insbesondere die finanzielle Limitierung bzw. allgemeine ökonomische Kriterien eine zunehmend wichtigere Rolle. Die durch das Militär erbrachten Dienstleistungen werden in verstärktem Maße ob ihrer Nützlichkeit hinterfragt. Der zweite Strang besteht im Wesentlichen darin, dass eine Vielzahl von vormals militärischen Bereichen, die nun aber nicht mehr zum militärischen Kerngeschäft gehören, in zivile Hände gegeben wird. Diese Privatisierung vormals militärischer Dienstleistungen reicht von der Verwaltung über den Transport bis hin zur Bewachung militärischer Liegenschaften. Damit hält natürlich auch so etwas wie ein ziviler Geist oder auch Charakter Einzug in vormals ausschließlich militärische Domänen.[78] Inzwischen kommt es sogar zu einer Art Gegenbewegung zu dieser immer stärker werdenden Zivilisierung.

---

[77] Vgl. Karl W. Haltiner, Ten years of the European research group on the military and society, in: Vlachová, Marie (Ed.), *The European Military in Transition. Armed Forces in Their Social Context,* Baden-Baden 1998, S. 7.

[78] Vgl. Karl W. Haltiner/Paul Klein, *THE EUROPEAN POST-COLD WAR MILITARY REFORMS* [wie FN 62] S. 24f.

Diese betont insbesondere die militärischen Kernfähigkeiten und versucht sich bewusst abzuheben vom liberalen zivilgesellschaftlichen Denken und Handeln. Dieser Trend der Re-Militarisierung des Militärs soll hier jedoch nur am Rande Erwähnung finden. Er ist auf jeden Fall auch Ausdruck für eine Erstarkung rechts-konservativen Elitentums, was sich als erwähnte Gegenbewegung zur Zivilisierung des Militärischen zu etablieren scheint. Bestenfalls ist die Re-Militarisierung auch Ausdruck für die Vergrößerung des oben bereits erwähnten Gaps Militär-Gesellschaft.

6. Die Bedeutung für die Bundesrepublik Deutschland

Zum Schluss dieser Studie lassen sich die bereits eingangs formulierten Schlussfolgerungen und Empfehlungen, die das Verhältnis Militär-Gesellschaft nachhaltig beeinflussen und prägen, aussprechen. Diese fußen auf den vorgenannten Ergebnissen und sollen zu einer wirkungsvollen Wahrnehmung der Streikräfte in der Gesellschaft und damit zu einer nachhaltigen Akzeptanz von Streitkräften und ihrem politisch beauftragten Handeln führen. An dieser Stelle soll nun noch die Einordnung der Bundesrepublik Deutschland im Sinne einer Verortung –gleichzusetzen mit einer Einskalierung- in die zuvor gewonnenen Erkenntnisse erfolgen.

Die Bedeutung für die Bundeswehr und die Bundesrepublik Deutschland
Die deutsche Bevölkerung bevorzugt eine Außen- und Sicherheitspolitik, die überwiegend geprägt ist von ideel-normativen Motiven. Die Deutschen befürworten Auslandseinsätze vor allem dann, wenn diese humanitäre Beweggründe haben. Hinsichtlich ihrer Einstellung zu den Streitkräften kann man von einer freundlichen Zurückhaltung sprechen, die sich durch eine mittelmäßige emotionale Bindung auszeichnet. Bei der Einordnung dieser deutschen Situation in die Ergebnisse dieser Studie kann dabei die größte Divergenz zwischen Deutschland und den USA ausgemacht werden. Frankreich und Großbritannien, als auch die Niederlande und Dänemark lassen sich im Mittelfeld zwischen den diametralen Polen Deutschland und den USA verorten.

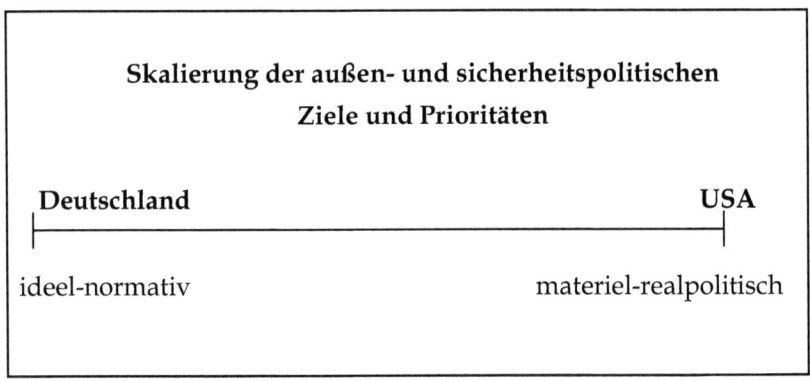

Quelle: eigene Darstellung des Autoren

Grundsätzlich kann also davon ausgegangen werden, dass die jeweiligen nationalen strategischen Kulturen die sicherheits- und verteidigungspolitischen Einstellungen der Bevölkerungen prägen. Somit haben traditionelle, auf historischen, kulturellen und gesellschaftlichen Umfeldbedingungen basierende Denkmuster einen Einfluss auf die nationalen Meinungsbilder. Hat man es, wie im Falle der Bundesrepublik, mit einer tief verwurzelten strategischen Kultur zu tun, ist eine Änderung des Meinungsbildes über die Streikkräfte nur sehr langsam und langfristig erwartbar, jedoch nicht auszuschließen. Es kann davon ausgegangen werden, dass die nationalen Meinungsbilder auch zukünftig Anhaltspunkte dafür liefern werden, inwiefern sich die jeweiligen Regierungen in multinationale Einsätze einbringen werden.

Was die aktuelle Reformdebatte um die Reform der Bundeswehr und die mit ihr diskutierte Aussetzung der Wehrpflicht anbelangt, lässt sich konstatieren, dass auch in Deutschland aller Voraussicht nach Mechanismen entstehen werden, wie sie in den beschriebenen Ländern nach Aussetzung oder Abschaffung entstanden sind. Dazu gehörte z.B. die Herausbildung eines eigenen elitären Verständnisses der Unteroffiziere und Offiziere, welches sich abseits gesellschaftlicher Entwicklungstrends bewegte. Um genau diesem entgegenzuwirken, wäre eine noch stärkere Zivilisierung des Militärs mit einem sensiblen Blick auf die damit einhergehende Gegenbewegung der Re-Militarisierung angebracht. Das heißt, es wäre ein Erstarken der militärischen Elite in Richtung einer Ergänzung militärischer Fachexpertise durch politische Fachexpertise oder ein Ende der „Inselausbildung" militärischen Nachwuchses, hin zu ressortübergreifenden Ausbildungen und Studiengängen angezeigt.[79]

Auf jeden Fall wird es nach der Reform der Bundeswehr und einer Abschaffung der Wehrpflicht, wohl so etwas wie ein Erstarken der Diskussion um das zivil-militärische Verhältnis geben. Dieses war auch in fast allen anderen untersuchten Ländern der Fall.

Ein weiterer Ansatz zur Erklärung der nachlassenden Bindung des politisch beauftragten militärischen Handelns wäre die von Biehl in die Diskussion eingebrachte Überlegung, der Entwurzelung von Parteien.[80] Wir haben es demnach in Deutschland einerseits mit dem Phänomen zu tun, dass Parteien als Parteien ihrer Mitglieder, somit als Sprachrohr derselbigen immer an Bedeutung verlieren. Sie konzentrieren sich auf die Ausübung von Macht und den Gewinn von Ämtern, wie z.B. Bundestagsmandaten oder Ministerposten, um dann in einem relativ kleinen Zirkel am eigenen Machterhalt zu arbeiten. Andererseits werden die Parteien auch immer weniger Sprachrohr der Menschen die sie wählen, sprich ihrer Wähler. Somit tun die in Amt und Macht gehobenen Parteiverantwortlichen Dinge, die weder den Vorstellungen und Absichten der Mitglieder noch der Wähler entsprechen. Hierdurch kommt es zu Kommunikationsverlusten innerhalb der sogenannten inhaltlichen Re-

---

79 Vgl. Klaus Naumann, *Einsatz ohne Ziel? Die Politikbedürftigkeit des Militärischen,* Hamburg 2008, S. 117ff.
80 Vgl. Biehl, 2009, a.a.O.

präsentation. Positionen, Forderungen und Einstellungen der „Mächtigen", spiegeln sich nicht wieder in denen der Basis. Am Beispiel der modernen Einsatzarmee Bundeswehr, ihres politisch zugedachten Auftrages und ihrer Aufgaben zeigt sich dies sehr plakativ: Die von politisch verantwortlichen Parteimitgliedern verantworteten Aufträge der Streitkräfte, die sich in Mehrheitsabstimmungen im Bundestag manifestieren, werden nicht zu den Mitgliedern und nicht zu den Wählern transportiert. Somit tun die politisch beauftragten Soldaten etwas, was der Wähler nicht versteht. Es herrscht bei ihm das „alte" und äußerst positive Bild der Streitkräfte vor. Dank dieser Diskrepanz werden somit deutsche Soldaten in politisch gewollte Einsätze entsandt, die zwar die erforderlichen Mehrheiten im Parlament finden, jedoch nicht Ausdruck des Volkswillens sind. Sollte sich aber diese Situation verändern und die „Mächtigen" das tun, was Wähler und Volk eigentlich denken und wollen, könnte es sein, dass die Einsätze verstanden und damit abgelehnt werden. Somit profitiert derzeit eigentlich jeder von dieser Situation.

Abschließend soll folgendes unterstrichen werden: Die gesellschaftliche Integration des Militärs braucht politisch verantwortete Mechanismen der Verbindung von Militär und Gesellschaft. Diese sind in der Bundesrepublik Deutschland durch das Leitbild des Staatsbürgers in Uniform bereits installiert. In anderen Nationen müssen diese mühsam einzeln politisch entschieden und durchgesetzt werden. Daher sollte auch unter geänderten Vorzeichen, insbesondere vor dem Hintergrund einer eventuellen Abschaffung oder Aussetzung der Wehrpflicht, dieses Leitbild als Leit- und Funktionsprinzip der Streitkräfte aufrecht erhalten werden.

7. Abschließende Zusammenfassung - Die wichtigsten Ergebnisse und Handlungsempfehlungen

Dabei lässt sich mit Blick auf das Ergebnis dieser Studie folgendes feststellen:

- Die jeweilige nationale strategische Kultur eines Landes beeinflusst die Sicht der Bevölkerung zu ihren Streitkräften ebenso wie die länderübergreifenden, in Westeuropa und Nordamerika herrschenden Trends der Professionalisierung und Zivilisierung des Militärs. In diesem Zusammenhang ist auch die „nachlassende Unterstützung" für die deutschen Auslandseinsätze (mit Kampfhandlungen) zu sehen. Diese „nachlassende Unterstützung" kann somit nicht als „nachlassende Unterstützung" bewertet werden, sondern vielmehr als „Normalisierung" und „Egalisierung" der Stellung von Streitkräften und Soldaten in der Gesellschaft.
- Hinzu kommt, dass das Verhältnis Militär-Gesellschaft traditionell beeinflussende Faktoren, wie die Wehrform oder die Anzahl von gefallenen Soldaten, immer mehr an Bedeutung verlieren. Somit kann u.a. eine eventuelle Aussetzung der Wehrpflicht auch in der Bundesrepublik Deutschland, nicht für eine „Entfernung des Militärs von der Gesellschaft" bzw. eine zunehmende Kluft zwischen beiden verantwortlich gemacht werden.
- Dies bedeutet auch, dass mit einem Ende der Wehrpflicht nicht automatisch eine Vergrößerung der Distanz der Streitkräfte zur Gesellschaft einhergehen muss. Was es zu verzeichnen gilt, ist eine „Normalisierung" der Streitkräfte im Sinne eines Arbeitgeberimages und damit ein Trennen von normativen Ansprüchen, wie: „Streitkräfte sind das Spiegelbild der Gesellschaft".
- So ist das Verhältnis von Streitkräften zu einer Gesellschaft mehr durch die Professionalisierung des Soldatenberufs und die damit verbundene gesellschaftlich akzeptierte Risikozuschreibung ge-

kennzeichnet. Damit wird der Einsatz von Streitkräften zu einer „professionellen Normalität" neben dem Einsatz von anderen Berufsgruppen wie z.B. dem der Polizei oder anderer staatlicher Sicherheitsorgane.

- Dennoch zeigt sich, dass diese „professionelle Gleichgültigkeit" der Gesellschaft gegenüber dem Militär auch Grenzen kennt und das aus ihr auch eine Ablehnung erwachsen kann. So ist davon auszugehen, dass eine dauerhafte Zustimmung der Bevölkerung zu den Auslandseinsätzen, insbesondere denen mit robusten Kampfhandlungen, nur dann möglich werden wird, wenn die Bevölkerung weiterhin ein allgemein hohes Vertrauen in die Streitkräfte hat, den Sinn der Einsätze versteht und einen direkten Bezug zur Sicherheit des eigenen Landes als auch zur ganz individuellen Sicherheit herstellen kann. Diese „professionelle Gleichgültigkeit" sollte somit nicht als spezielles Desinteresse gegenüber den Streitkräften missinterpretiert werden.
- Den größtmöglichen Schutz vor einer Beeinflussung der Bevölkerungsmeinung liefert dabei ein größtmögliches Wissen über Ziele und Risiken des Einsatzes von Streitkräften. So lässt der internationale Vergleich den Schluss zu, dass wenn die Bevölkerung zu durchdachten und konsistenten Einschätzungen über Auslandseinsätze und sicherheitspolitische Fragen kommen kann, das Vertrauen sowohl in die Institution Streitkräfte als auch in die Einsätze mit robusten Kampfhandlungen auf weiterhin hohem Niveau bleiben wird bzw. dieses erreichen kann.
- Dabei scheinen die Medien und die im Zuge der Professionalisierung des Soldatenberufs zunehmend positive Berichterstattung, einen sich stetig vergrößernden Einfluss auf das zumeist sehr positive Bild von Streitkräften in der Bevölkerung zu haben. Im Falle

von negativen Schlagzeilen wird das Bild der Streitkräfte meist nur kurzfristig beeinträchtigt, jedoch nicht grundsätzlich erschüttert.

- Was zudem durchgängig bestätigt werden kann, ist die immer wieder unterstellte Relevanz eines Bevölkerungsrückhalts für die Motivation der Soldatinnen und Soldaten in den Auslandseinsätzen. Ein fehlender Bevölkerungsrückhalt führt jedoch nicht automatisch zu Motivationsverlusten, da andere Aspekte wie die Gruppenkohäsion sowie Vorgesetzte eine große Rolle im Einsatz spielen.
- Das „deutsche Paradox" zwischen einerseits hoher Zustimmung zu den Streitkräften im Allgemeinen und andererseits einer zunehmenden Ablehnung von Kampfhandlungen ist kein speziell „deutsches Paradox", sondern findet sich international wieder.

8. Anhang

Übersicht 1

Häufigkeit der Wahrnehmung der Bundeswehr in Medien und Lebensumfeld der deutschen Bevölkerung

Von 100% haben wieviel Personen die Bundeswehr wie wahrgenommen? (in %)	täglich, fast täglich	1-3 mal pro Woche	1-3 mal im Monat	< als 1 mal im Monat	Nie
Fernsehen	6	21	26	32	15
Zeitungen/Zeitschriften	6	17	25	33	19
Internet	1	4	9	16	70
Alltag, Wohnumfeld	4	6	10	34	46
Gespräche in der Familie	1	4	13	43	39
Öffentliche Veranstaltungen	0	2	4	39	55

Übersicht 2

Abnehmende Zustimmung auf der Zeitachse[81]

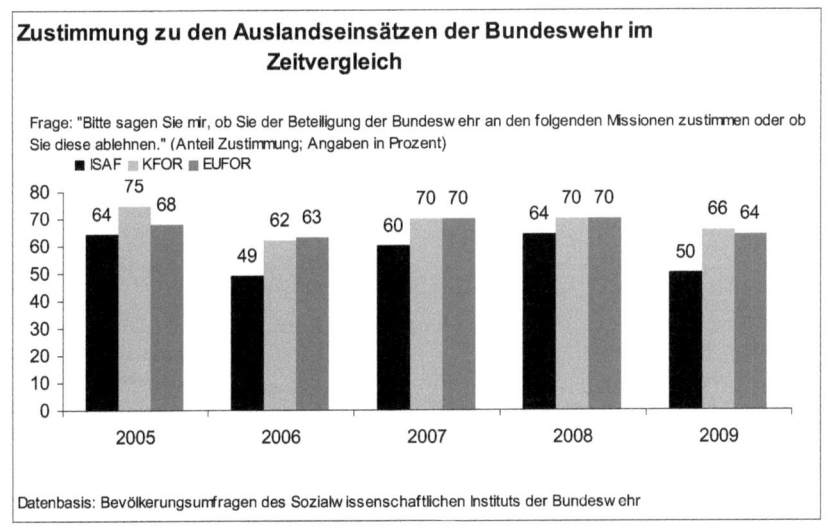

---

81 Ebd., a.a.O.

Aufgabenwahrnehmung im Ausland

Frage: Welche Aufgaben sollten die deutschen Streitkräfte Ihrer Meinung nach im Ausland übernehmen? Stimmen Sie einer Übernahme der folgenden Aufgaben durch die Bundeswehr zu oder lehnen sie das ab?

Antwort: Die deutschen Streitkräfte sollen im Ausland eingesetzt werden....[82]

Antwortoption	Stimme zu	Stimme eher zu	Lehne eher ab	Lehne ab
Um die Opfer einer Naturkatastrophe mit Nahrungsmitteln zu versorgen und medizinische Hilfe zu leisten	77	16	4	3
Um deutsche Staatsbürger aus Krisengebieten zu evakuieren	71	20	5	4
Um deutsche Staatsbürger aus der Hand von Geiselnehmern zu befreien	70	19	6	4
Um einen terroristischen Anschlag auf Deutschland zu verhindern	64	22	8	6
Um den Frieden in der Welt zu sichern	56	28	10	6
Um einem Nato-Partner zu helfen, der angegriffen wurde	54	31	9	6
Um einen Völkermord zu verhindern	53	28	10	9
Um den internationalen Seeverkehr zu überwachen und zu sichern	50	33	10	7
Um die Sicherheitslage in einer Krisenregion in Europa zu stabilisieren	49	33	11	7

---

82 Vgl. ebd., S. 30.

Um die Versorgung Deutschlands mit Energie und Rohstoffen zu sichern	49	24	15	12
Um den freien und ungehinderten Welthandel zu sichern	45	32	13	10
Um die Weiterverbreitung von Massenvernichtungswaffen zu verhindern	45	28	16	11
Um sich am Kampf gegen den internationalen Terrorismus zu beteiligen	43	28	18	11
Um Länder wie den Iran an der Entwicklung von Atomwaffen zu hindern	37	23	22	18
Um bei der Durchführung demokratischer Wahlen zu helfen	35	29	18	18
Um Drogenabbau und Drogenhandel zu unterbinden	34	23	23	20
Um die Sicherheitslage in einer Krisenregion im Nahen Osten zu stabilisieren	31	29	21	19
Um die Sicherheitslage in einer Krisenregion in Afrika zu stabilisieren	29	31	23	18
Um eine ausländische Regierung zu entmachten, die die Menschenrechte verletzt	26	22	26	25

Übersicht 4

Übersicht: Haltungen der Bundesbürger zum ISAF-Einsatz der Bundeswehr in Afghanistan

Frage: Bitte sagen Sie mir, ob Sie den folgenden Positionen zur Beteiligung der Bundeswehr an der Internationalen Sicherheitsunterstützungstruppe in Afghanistan (ISAF) zustimmen oder ob Sie diese ablehnen! Antworten Sie bitte mit Hilfe der folgenden Skala! (Angaben in Prozent).

	Stimme vollkommen zu	Stimme überwiegend zu	Stimme eher zu	Lehne eher ab	Lehne überwiegend ab	Lehnen vollkommen ab	Weiß nicht
Die Bundeswehr sollte in ihrem Afghanistan-Einsatz vornehmlich Wiederaufbauarbeit leisten	20	23	31	11	3	6	6
Die Bundeswehr sollte zur Verbesserung der Sicherheitslage in Afghanistan beitragen	11	17	31	20	7	8	6
Die Bundeswehr sollte sich in ihrem Einsatz wie bisher auf Nordafghanistan konzentrieren	8	13	29	17	7	9	17
Die Bundeswehr sollte in **Nordafghanistan** auch für **Kampfeinsätze** gegen die Taliban eingesetzt werden	5	9	20	26	12	22	6
Die Bundeswehr sollte im Rahmen des ISAF-Einsatzes in Afghanistan auch mehr Soldatinnen und Solda-	3	9	19	28	13	22	6

ten einsetzen können, wenn das notwendig ist.								
Die Bundeswehr sollte in **Südafghanistan** neben Wiederaufbauarbeit auch für **Kampfeinsätze** gegen die Taliban eingesetzt werden.	4	7	15	27	15	25	7	

9. Abkürzungen

a.a.O.   am angegebenen Ort

bzw.   beziehungsweise

ca.   cirka

ebd.   ebenderselbe

evtl.   eventuell

EU   Europäische Union

FwDL   Freiwillig Wehrdienst Leistender

GwDL   Grundwehrdienstleistender

ISAF   International Security and Assistance Force

Nato   North Atlantic Treaty Organisation

OEF   Operation Enduring Freedom

SOWI   Sozialwissenschaftliches Institut der Bundeswehr

10. Literaturverzeichnis

Ahammer, Andreas/Nachtigall, Stephan, 5 plus 1, *Wehrpflicht der Zukunft im Gesellschaftsdienst, Mit einem Vorwort vom Wehrbeauftragten des Deutschen Bundestages und einem Beitrag von Dr. Detlef Buch*, Baden-Baden, 2009

Besselink, Leonard F.M., Military Law in the Netherlands, in: Nolte, Georg (Hg.), *European Military Law Systems*, Berlin, 2003.

Biehl, Heiko/Mackewitsch, Reinhard, *Auslandseinsätze im Rahmen von KFOR, Endbericht*, Strausberg, Sozialwissenschaftliches Institut der Bundeswehr, Strausberg, 2002

Biehl, Heiko, How Much Common Ground is Required for Military Cohesion? Social Cohesion and Mission Motivation in the Multinational Context, in: Leonhard, Nina/Aubry, Giulia/Casas Santere, Manuel/Jankowski, Barbara (Eds.): *Military Co-operation in Multinational Missions: The Case of EUFOR in Bosnia and Herzegowina* (FORUM International 28) Strausberg 2008, Sozialwissenschaftliches Institut der Bundeswehr, S. 191-220.

Biehl, Heiko, Von der Verteidigungs- zur Interventionsarmee, Konturen eines gehemmten Wandels, in: Kümmel, Gerhard (Hg.), *Streitkräfte im Einsatz: Zur Soziologie militärischer Interventionen*, Baden-Baden, 2008, S. 9-21

Biehl, Heiko, Soziale Entwurzelung und Repräsentationsverlust der Parteilen, in: Jun, Uwe, Niedermayer, Oskar und Wiesendahl, Elmar (Hg.), *Die Zukunft der Mitgliederpartei*, Opladen und Farmington Hills, 2009, S. 111-128.

Biehl, Heiko/Jacobs, Jörg, Öffentliche Meinung und Sicherheitspolitik, in: Böckenförde, Stephan/Gareis, Sven Bernhard (Hg.), *Deutsche Sicherheitspolitik, Herausforderungen, Akteure und Prozesse*, Opladen und Farmington Hills, 2009, S. 233-254.

Biehl, Heiko/Keller, Jörg, Hohe Identifikation und nüchterner Blick, Die Sicht der Bundeswehrsoldaten auf ihre Einsätze, in: Biehl, Heiko/Jaberg, Sabine/Mohrmann, Günter/Tomforde, Maren (Hrsg.), *Auslandseinsätze der Bundeswehr, Sozialwissenschaftliche Analysen, Diagnosen und Perspektiven*, Berlin, 2009, S. 121-141

Biehl, Heiko, Bürger und Sicherheitspolitik – Auf der Suche nach einem sicherheitspolitischen Konsens, in: Dörflein-Dierken, Angelika / Portugall, Gerd (Hrsg.), *Friedensethik und Sicherheitspolitik, Weißbuch 2006 und EKD-Friedensdenkschrift 2007 in der Diskussion*, Wiesbaden, 2010, S. 169-184

Birkenfeld, Florian, *Die Wehrpflicht in Deutschland, Kosten, Vergleich, Perspektiven*, Saarbrücken, 2006

Böckenförde, Stephan, Die Veränderung des Sicherheitsverständnisses, in: Böckenförde, Stephan/Gareis, Sven Bernhard (Hg.), *Deutsche Sicherheitspolitik, Herausforderungen, Akteure und Prozesse*, Opladen und Farmington Hills, 2009, S. 11-44.

Böckenförde, Stephan/Gareis, Sven Bernhard, Die Zukunft der Sicherheit – Probleme, Herausforderungen und Lösungsansätze für die deutsche Sicherheitspolitik, in: Böckenförde, Stephan/Gareis, Sven Bernhard (Hg.), *Deutsche Sicherheitspolitik, Herausforderungen, Akteure und Prozesse*, Opladen und Farmington Hills, 2009, S. 363-376.

Buch, Detlef, *Die Zukunft der deutschen Wehrpflicht*, Stiftung Wissenschaft und Politik, Berlin, Arbeitspapier der Forschungsgruppe Sicherheitspolitik, Berlin, 2010a.

Buch, Detlef, *Wohin mit der Wehrpflicht? Weisen die Partner wirklich den richtigen Weg? Mit einem Vorwort vom Wehrbeauftragten des Deutschen Bundestages*, Frankfurt, 2010b.

Bundesministerium der Verteidigung, *Verteidigungspolitische Richtlinien*, Berlin, 2003

CSS (Center for Security Studies), *Wehrpflicht im europäischen Vergleich*, ETH Zürich, CSS Analysen zur Sicherheitspolitik, S. 1-3.

Dandeker, Christopher, The United Kingdom: The Overstretched Military, in: Moskos, Charles C./Williams, John Allen/Segal, David R., *The Postmodern Military*, New York, Oxford, 2000, S. 32-50.

Eisele, Thies, ‚*Nur auf die Beine..'. Töten im militärischen Selbstverständnis*, Essener Studien zur Semiotik und Kommunikationsforschung, Band 22, Aachen, 2007.

Dienst, Christian, *Schreiben an die Leiter der Presse- und Informationszentren der Bundeswehr*, Berlin, 2009, unter:<http://www.geopowers.com/Machte/Deutschland/Dienst_an_BMVg-Presse.pdf>, (eingesehen am 11.02.2010)

Fiebig, Rüdiger, *Einstellungen der deutschen Bevölkerung zum Afghanistan-Einsatz der Bundeswehr*, in: Europäische Sicherheit, 07/2009, S. 14-16.

Fiebig, Rüdiger / Pietsch, Carsten, *Die Deutschen und ihre Streitkräfte*, in: Aus Politik und Zeitgeschichte, 48/2009, 23. November 2009, S. 36-41

Fischer, Hans-Dieter, *Manipulation, Persuasion, Sprache. Eine Arbeitsbibliographie*, Sankt Augustin, 1995.

Flocken, Andreas, *NDR Info, Das Forum, Streitkräfte und Strategien, Untersuchungsausschuss zum Luftangriff be Kundus – Chance für eine neue Informationspolitik der Bundeswehr?*, 02.12.2009 unter: <http://www.ndrinfo.de/programm/sendungen/streitkraeftesendemanuskript180.pdf>, (eingesehen am 11.02.2010)

Frank, Hans, *Stell Dir vor es ist Krieg – und keiner kümmert sich darum*, in: Europäische Sicherheit, 02/2008, S. 25-27.

Französisches Verteidigungsministerium, *Principaux enseignements de l`enquete annuelle sur "l`image des armées » vague 2004, Bevölkerungsumfrage 2004*. Paris 2005.

Gareis, Sven Bernhard, Die Organisation der Sicherheitspolitik in Deutschland – Akteure, Kompetenzen, Verfahren und Perspektiven, in: Böckenförde, Stephan/Gareis, Sven Bernhard (Hg.), *Deutsche Sicherheitspolitik, Herausforderungen, Akteure und Prozesse*, Opladen und Farmington Hills, 2009, S. 79-98.

Gebauer, Matthias, *McChrystals Strategie-Appell, Guttenberg will in Afghanistan mehr riskieren*, in: SPIEGEL-ONLINE, unter http://www.spiegel.de/politik/ausland/0,1518,673064,00.html (eingesehen am 20. Januar 2010).

Göler, Daniel, Die strategische Kultur der Bundesrepublik – Eine Bestandsaufnahme normativer Vorstellungen über den Einsatz militärischer Mittel, in: Dörflein-Dierken, Angelika / Portugall, Gerd (Hrsg.), *Friedensethik und Sicherheitspolitik, Weißbuch 2006 und EKD-Friedensdenkschrift 2007 in der Diskussion*, Wiesbaden, 2010, S. 185-200

Grewenig, Adi (Hg.), *Inszenierte Information, Politik und strategische Kommunikation in den Medien*, Opladen, 1993.

Haltiner, Karl, W. Ten years of the European research group on the military and society, in: Vlachová, Marie (Eds.), *The European Military in Transition. Armed Forces in Their Social Context*, Baden-Baden, 1998, S. 7-9.

Haltiner, Karl W., Klein, Paul, THE EUROPEAN POST-COLD WAR MILITARY REFORMS AND THEIR IMPACT ON CIVIL-MILITARY RELATIONS, in: Kernic, Franz, Klein, Paul, Haltiner, Karl (eds.), *The European Armed Forces in Transition*, Frankfurt am Main, 2005, S. 9-30.

Horst, Han van der, Das niederländische Selbstbild, in: Mollenhauer, Gebhard und Vis, Jan (Hg.), *Die Niederlande und Deutschland. Einander kennen und verstehen*, Münster, 2001.

Hartenbach, Peter, *„Wir sind der erbärmlichste Haufen in Afghanistan"*, in: Süddeutsche Zeitung, Nr. 149, Freitag, 02.Juli 2009, S. 29.

Hausberg, Andrea, *Analyse politischer Sprache an Hand aktueller Beispiele, Rhetorisch-argumentative Strategien in Reden zum Irak-Krieg*, Saarbrücken, 2007.

Heurlin, Bertel, The New Danish Model: Limited Conscription and Deployable Professionals, in: L. Gilroy, Curtis; Williams, Cindy, *Service to*

Country. Personnel Policy and the Transformation of Western Militaries, Cambridge, 2006, S. 161f.

Heurlin, Bertel, Denationalisation of Danish Armed Forces and Militarising of Danish Foreign Policy, in: *Denationalisation of Defence, Convergence and Diversity*, Oslo, Norwy, S. 113-134

Hippler, Daniel, Seitenblicke: Die Wehrpflicht in Dänemark, in: Ahammer, Andreas und Nachtigall, Stephan (Hrsg.), *Wehrflicht – Legitimes Kind der Demokratie*, Berlin, 2010, S. 388-394.

Hvidt, Nanna, Mouritzen, Hans (Eds.), *Danish Foreign Policy Yearbook 2009*, S. 192-202, Danish Institute for International Studies, Copenhagen, 2009.

International Herald Tribune, Editorial, *Dutch Retreat*, February 25, 2010, unter:<http://www.nytimes.com/2010/02/25/opinion/25thur3.html?ref =global&pagewantel=print> (eingesehen am 25.02.2010).

Jacobs, Jörg, *Von Falken und Tauben, Einstellungen der deutschen Bevölkerung*, in: if, Zeitschrift für Innere Führung, Nr. 3, 2008, S. 58-61

Jacobs, Jörg, Militärkritsch oder militäraffin? – Grundhaltungen der Bevölkerung ausgewählter europäischer Staaten, in: Dörflein-Dierken, Angelika / Portugall, Gerd (Hrsg.), *Friedensethik und Sicherheitspolitik, Weißbuch 2006 und EKD-Friedensdenkschrift 2007 in der Diskussion*, Wiesbaden, 2010, S. 201-218

Jarren, Otfried, Sarcinelli, Ulrich, Saxer, Ulrich (Hrsg.), *Politische Kommunikation in der demokratischen Gesellschaft, Ein Handbuch*, Opladen/Wiesbaden, 1998

Jarren, Otfried / Sarcinelli, Ulrich, „Politische Kommunikation" als Forschungs- und als politisches Handlungsfeld: Einleitende Anmerkungen zum Versuch der systematischen Erschließung, in: Jarren, Otfried/Sarcinelli, Ulrich/Saxer, Ulrich (Hg.), *Politische Kommunikation in der demokratischen Gesellschaft, Ein Handbuch mit Lexikonteil*, Opladen/Wiesbaden, 1998, S. 13-20.

Jarren, Otfried, Donges, Patrick, *Politische Kommunikation in der Mediengesellschaft, Eine Einführung, Lehrbuch*, 2. überarbeitete Auflage, Wiesbaden, 2006

Joenniemi, Pertti, *Farewell to conscription, The Case of Denmark*, Danish Institute for international studies, Copenhagen, 2005, DIIS Working Paper no 2005/10.

Johansson, Eva, *"In a blue beret, four Swedish UN battalions in Bosnia,"* in: Paper for the Ergomas Conference, Zürich, 1996.

Johnston, Alastair Iain, Thinking about Strategic Culture, in: *International Security*, Vol. 19, No 4, 1995, S. 32-64.

Kamp, Henk, *New future for the Netherlands armed forces*, in: The RUSI Journal, 149, S. 40-47.

Karmasin, Matthias, Stakeholder-Management als Grundlage der Unternehmenskommunikation, in: Piwinger, Manfred/Zerfaß, Ansgar (Hg.), *Handbuch Unternehmenskommunikation*, Wiesbaden, 2007, S. 71-87.

Keller, Jörg/Tomforde, Maren/Biehl, Heiko, *Einsatzmotivation im 7. und 8. Einsatzkontingent SFOR*, Sozialwissenschaftliches Institut der Bundeswehr, Strausberg, 2004

Kernic, Franz, Public Opinion and European Security, in: Kümmel, Gerhard; Cafario, Giuseppe und Dandeker, Christopher (Eds.), *Armed Forces, Soldiers and Civil-Military Relations*. Essays in Honor of Jürgen Kuhlmann, Wiesbaden, 2009, S. 211-230.

Klein, Paul/Pajon, Christophe, Die Militärreform in Frankreich, in: Haltiner, Karl, W./Klein, Paul (Hg.), *Europas Armeen im Umbruch*, Baden-Baden 2002, S. 109-122.

Köhler, Horst, *Deutsche Sicherheitspolitik – Stärken, Schwächen, Aufgaben*. Rede gehalten beim Forum Sicherheitspolitik „Impulse 21", Berlin, 27.11.2008

Kolbow, Walther, *Rolle des Bundestages bei der Entscheidung über Auslandseinsätze*, in check in 2010, S. 5

Kümmel, Gerhard, *Es ist, wie es ist: Deutschland ist Militärmacht!*, in: WeltTrends 2007, 56, S. 84f.

Kümmel, Gerhard, „Gestorben wird immer!?" Oder: Postheroismus, ‚Casulty Shyness' und die Deutschen, in: Hartmann, Uwe, von Rosen, Claus, Walther, Christian, *Die Rückkehr des Soldatischen*, Berlin, 2009a, S. 92-108.

Kümmel, Gerhard, *Das Militär, der Soldat und das Töten* (Rezension), in: Arbeitskreis Militär und Sozialwissenschaften, Newsletter, München, 2009b, S. 9-10.

Kunczik, Michael, *Die manipulierte Meinung, Nationale Image-Politik und internationale Public-Relations*, Köln/Wien, 1990.

Lange, Sebastian, *Der Erfolg von „Public Diplomacy", Eine theoretische Analyse am Fallbeispiel Deutschland*, Saarbrücken, 2007

Liebl, Franz, *Der Schock des Neuen, Entstehung und Management von Issues und Trends*, München, 2000

Lindemann, Marc, *Unter Beschuss. Warum Deutschland in Afghanistan scheitert*, Berlin und Düsseldorf, 2009.

Lok, Joris Janssen, *Dutch dilemma*, in: JDW, jdw. Janes.com, 14. August 2002, S. 19-25.

MacDonald, Alistair, *Denmark Rallies Public Behind Afghan War*, in: The Wall Strett Journal online, February 23. 2010, unter: http://online.wsj.com/article/SB10001424052748703503804575083430458306468.html?mod=WSJEUROPE hps MIDDLEFourthNews#printMode (eingesehen am 24.02.2010).

Mandeville, Lucien/Combelles, Pascale/Rich, Daniel, French Public Opinion and the new Missions of the Armed Forces, in: Manigart, Philippe (Hg.), *Future Roles, Missions and Structures of Armed Forces In The New World Order: The Public View*, New York 1996, S. 53-61.

Manigart, Philippe (Eds.), *Future Roles, Missions and Structures of Armed Forces in the new World Order: The Public View*, New York 1996.

van der Meulen, Jan, Public Opinion, Mass-Media an the Military. A Programmatic Sketch of Perspektives, in: Vlachová, Marie (Eds.), *The European Military in Transition. Armed Forces in Their Social Context*, Baden-Baden, 1998, S. 148-157.

Mikolajczyk, Beata, *Sprachliche Mechanismen der Persuasion in der politischen Kommunikation. Dargestellt an polnischen und deutschen Texten zum EU-Beitritt Polens*, Frankfurt am Main, 2004.

Moelker, René, Restructuring and Resilience: Cadets`opinions on their future profession in a perpetually changing organization: The Dutch Case, in: Kernic, Franz, Klein, Paul, Haltiner, Karl (eds.), *The European Armed Forces in Transition*, Frankfurt am Main, 2005, S. 45-64.

Moskos, Charles C., *Eigeninteresse, Primärgruppen und Ideologie*, in: König, René (Hg.), Beiträge zur Militärsoziologie, Kölner Zeitschrift für Soziologie und Sozialpsychologie, Sonderheft 12, Köln/Opladen, S.201-220

Naumann, Klaus, *Einsatz ohne Ziel? Die Politikbedürftigkeit des Militärischen*, Hamburg, 2008

Nigge, Jörg Daniel, Nachhaltige Entwicklung in der Bundeswehr als Grundvoraussetzung für Transformation, in: Gießmann, Hans J./Wagner, Armin (Hrsg.), *Armee im Einsatz, Grundlagen, Strategien und Ergebnisse einer Beteiligung der Bundeswehr*, Baden-Baden, 2009, S. 235-245.

Pajon, Christophe, Das überbeanspruchte Heer Frankreichs: Ein Modellfall für das zivil-militärische Verhältnis, in: Haltiner, Karl, W./Klein, Paul (Hg.), *Europas Armeen im Umbruch*, Baden-Baden 2002, , S. 123-135.

Pankonin, Tim David, *Die Bedeutung von Situationspotenzialen für die Sicherheitspolitische Kommunikation am Beispiel der Bundeswehr*, Universität der Künste Berlin, 2010

Patzelt, Werner J., Parlamentskommunikation, in: Jarren, Otfried/Sarcinelli, Ulrich/Saxer, Ulrich (Hg.), *Politische Kommunikation in der demokratischen Gesellschaft, Ein Handbuch mit Lexikonteil*, Opladen/Wiesbaden, 1998, S. 431-441.

Petersen, Thomas, *Allensbach-Umfrage, Wird Deutschland am Hindukusch verteidigt?*, in: FAZ.NET, unter http://www.faz.net/s/Rub0CCA23BC23 BC3D3C4C78914F85BED3B5.. (eingesehen am 01.06.2010)

Pfaffenzeller, Stephan, Conscription and Democracy: The Mythology of Civil Military Relations, in: *Armed Forces and Society*, 36, 2010, S. 481-504.

Pfetsch, Barbara, Akteure und Institutionen, Bürger-Publikum, in: Jarren, Otfried/Sarcinelli, Ulrich/Saxer, Ulrich (Hg.), *Politische Kommunikation in der demokratischen Gesellschaft, Ein Handbuch mit Lexikonteil*, Opladen/Wiesbaden, 1998, S. 406-413.

Pietsch, Carsten, *Das sicherheits- und verteidigungspolitische Meinungsklima in Deutschland*, in: Europäische Sicherheit, 04/2009, S. 60-63.

Prayon, Horst, Sicherheitspolitische Kommunikation, in: Jarren, Otfried/Sarcinelli, Ulrich/Saxer, Ulrich (Hg.), *Politische Kommunikation in der demokratischen Gesellschaft, Ein Handbuch mit Lexikonteil*, Opladen/Wiesbaden, 1998, S. 525-530.

Reid, John, The armed forces and society, in: *The RUSI Journal*, 142, 2, 1997, S. 30-34.

Ricks, Thomas E., *The widening Gap between the Military and Society*, in: Atlantic Monthly, 280, 1, S. 66-78.

Riddell, Peter, *Armed Forces, Media and the Public*, in: The RUSI Journal, 153, 2008, S. 12-15

Sarcinelli, Ulrich, *Politische Kommunikation in Deutschland, Zur Politikvermittlung im demokratischen System, Ein Lehrbuch*, Wiesbaden, 2005

Schnell, Jürgen, *Neue Entscheidung zur allgemeinen Wehrpflicht – Zur Verkürzung des Grundwehrdienstes von 9 Monaten auf 6 Monate sowie zur Umwandlung der Bundeswehr in eine Freiwilligen-Bundeswehr*, Universität der Bundeswehr München, 14.01.2010

Schütze, Fritz, Sozialarbeit als „bescheidene Profession", in: Dewe, Bernd/Ferchhoff, W./Radtke, F.O. (Hg.), *Erziehen als Profession. Zur Logik professionellen Handelns in pädagogischen Feldern*, Opladen 1992, S. 132-170.

Segal, David R./Kestnbaum, Meyer, Professional Closure in the Military Labour Market: A Critique of Pure Cohesion, in: Snider, Don M./Watkins, Gayle, L. (Eds.): *The Future of the Army Profession*. Boston et al., 2002, MecGraw-Hill, pp. 441-458.

Shils, Edward A./Janowitz, Morris, *Cohesion and Disintegration in the Wehrmacht in World War II*, in: Public Opinion Quarterly, 12 (2), 1948, pp. 280-315

Sörensen, Henning, Increasing Military Influence in Danish Civil-Military Relations, in: Kümmel, Gerhard; Cafario, Giuseppe; Dandecker, Christopher (Eds.), *Armed Forces, Soldiers and Civil-Military Relations, Essays in Honor of Jürgen Kuhlmann*, Wiesbaden, 2009, S. 141-156.

Sozialwissenschaftliches Institut der Bundeswehr, SOWI.NEWS, *Ergebnisse der Jugendstudie des Sozialwissenschaftlichen Instituts der Bundeswehr*, Heft 2/2007, Strausberg.

Sozialwissenschaftliches Institut der Bundeswehr, *Sicherheits- und verteidigungspolitisches Meinungsklima in der Bundesrepublik Deutschland, Ergebnisse der Bevölkerungsbefragung 2006 des Sozialwissenschaftlichen Instituts der Bundeswehr*, Forschungsbericht 84, Strausberg, April 2008.

Sozialwissenschaftliches Institut der Bundeswehr, *Sicherheits- und verteidigungspolitisches Meinungsklima in der Bundesrepublik Deutschland, Ergebnisse der Bevölkerungsbefragung 2007 des Sozialwissenschaftlichen Instituts der Bundeswehr*, Forschungsbericht 86, Strausberg, Oktober 2008

Sozialwissenschaftliches Institut der Bundeswehr, *Bevölkerungsbefragung 2008, Sicherheits- und verteidigungspolitisches Meinungsklima in Deutschland, Kurzbericht*, Strausberg, 14. November 2008

Sozialwissenschaftliches Institut der Bundeswehr, *Jahresbericht 2008*, Strausberg, Januar 2009.

Sozialwissenschaftliches Institut der Bundeswehr, *Sicherheits- und verteidigungspolitisches Meinungsklima in Deutschland, Ergebnisse der Bevölkerungsbefragung Oktober/November 2009, Kurzbericht*, Strausberg, Januar 2010a

Sozialwissenschaftliches Institut der Bundeswehr, *Jahresbericht 2009, Mehr verstehen. Besser entscheiden.* Strausberg, Januar 2010b

Staack, Michael, Normative Grundlagen, Werte und Interessen deutscher Sicherheitspolitik, in: Böckenförde, Stephan/Gareis, Sven Bernhard (Hg.), *Deutsche Sicherheitspolitik, Herausforderungen, Akteure und Prozesse*, Opladen und Farmington Hills, 2009, S. 45-78.

Strachan, Hew, *The Civil-military `gap` in Britain*, in: Journal of Strategic Studies, 26, 2003, S. 43-63

Transatlantic Trends, Topline Data 2009, unter www.gmfus.org/trends/doc/2009_English_Top.pdf, [eingesehen am 23.08.2010].

Transatlantic Trends, Key Findings 2009, unter <www.transatlantictrends.org> [eingesehen am 05.07.2010].

Volmert, Johannes, „While the world prayed for peace, Saddam prepared for war", Bushs Fernsehrede zur Eröffnung des Luftkrieges gegen den Irak, in: Grewenig, Adi (Hg.), *Inszenierte Information, Politik und strategische Kommunikation in den Medien*, Opladen, 1993, S.198-230.

Wengeler, Martin, Vom Wehrbeitrag bis zu Friedensmissionen, Zur Geschichte der sprachlichen Legitimierung und Bekämpfung von Rüstung und Militär, in: Stötzel, Georg/Wengeler, Martin, *Kontroverse Begriffe, Ge-*

schichte des öffentlichen Sprachgebrauchs in der Bundesrepublik Deutschland, Berlin und New York, 1995, S. 129-162.

Verwaltungsgericht Köln, *Die Wehrpflicht ist verfassungswidrig, Vorlagebeschluss an das Verfassungsgericht vom 3. Dezember 2008*, in: Forum Pazifismus, 21, I/2009, S. 3-8

Wengeler, Martin, *Remlilitarisierung oder Verteidigungsbeitrag? Sprachthematisierung in den Diskussionen um die westdeutsche Wiederbewaffnung, Ein Beitrag zur Sprachgeschichte nach 1945*, in: Sprache und Literatur in Wissenschaft und Unterricht, 64 Jg, 1989, S. 39-57.

Werkner, Ines-Jaqueline, *Wehrpflicht oder Freiwilligenarmee? Wehrstrukturentscheidungen im europäischen Vergleich*, Frankfurt am Main, 2006.

Wiegold, Thomas, *Das Drama um die Bundeswehr, Wenn es um die Truppe geht, wächst die Angst der Politiker vor der Wahrheit*, in: Focus, 36, 2007, S. 20-24.

Wieninger, Victoria, *Stabiles Meinungsbild, Mehrheit der Bevölkerung ist für die Beibehaltung der Wehrpflicht*, in: if Zeitschrift für Innere Führung, 1/2009, S. 60-63

Wiesendahl, Elmar, Parteienkommunikation, in: . Jarren, Otfried/Sarcinelli, Ulrich/Saxer, Ulrich (Hg.), *Politische Kommunikation in der demokratischen Gesellschaft, Ein Handbuch mit Lexikonteil*, Opladen/Wiesbaden, 1998, S. 442-449.

Detlef Buch

Wohin mit der Wehrpflicht?
**Weisen die Partner wirklich den richtigen Weg?
Mit einem Vorwort vom Wehrbeauftragten des
Deutschen Bundestages**

Frankfurt am Main, Berlin, Bern, Bruxelles, New York, Oxford, Wien, 2010.
102 S., 4 Tab.
ISBN 978-3-631-58811-6 · br. € 19,80*

Die Zukunft der deutschen Wehrpflicht steht auf dem Spiel. Gerade im Superwahljahr 2009 erlebt das Thema eine ungeahnte Renaissance. Vertreter der unterschiedlichsten Parteien und Institutionen melden sich zu Wort. Niemand jedoch scheint zu berücksichtigen, dass Deutschland das Rad nicht neu zu erfinden braucht. Schließlich haben seit 1990 insgesamt 17 Nato-Länder die Wehrpflicht abgeschafft. Alle haben positive und negative Erfahrungen gemacht. Daraus sollten wir lernen und unsere Schlüsse ziehen. Und gegenwärtig kann der einzige Schluss nur lauten: Ja, wir brauchen die Wehrpflicht. Sie „über Nacht" oder ad hoc abzuschaffen, wäre genau das Falsche. Jedoch muss sie dringend weiterentwickelt werden und besser an den Mann gebracht werden. Ansonsten droht ihre Abschaffung.

Aus dem Inhalt: Die Diskussion um die Wehrpflicht ist in einer Sackgasse – hier Pattsituation genannt · Eine Lösung bieten die Erfahrungswerte der Verbündeten · Vergleich von vier Partnern · Schluss: Maßnahmen bei Erhalt bzw. Abschaffung der Wehrpflicht · Empfehlung: derzeitig Beibehaltung – dringend Weiterentwicklungsbedarf

Frankfurt am Main · Berlin · Bern · Bruxelles · New York · Oxford · Wien
Auslieferung: Verlag Peter Lang AG
Moosstr. 1, CH-2542 Pieterlen
Telefax 0041(0)32/3761727

*inklusive der in Deutschland gültigen Mehrwertsteuer
Preisänderungen vorbehalten
Homepage http://www.peterlang.de